Beads Map
VOL.2
비즈공예인을 위한 지침서...비즈맵

조각보 문양 핸드폰줄

www.beadsmap.com

탄생석 시계

비즈맵2를 출간하며...

구슬과 함께 한 세월이 9년째다.
나이 들어가면서 변치 않고 내 옆을 지켜주는 것들에 대해
그저 감사하는 마음이 깊어진다.

구슬 역시 내 삶을 충만하게 지켜주는
가장 충직한 친구로 더욱 소중해진다.
처음 구슬에 몰입해 자주 밤을 지샐때의
그 열정보다 더 잔잔한 소중함...
그것은 나를 강인하게도 만들어주고
내 삶을 여유롭게도 한다.

유난히 비가 많았던 여름도 가고,
다시 우리네 맘을 서성이게 하는 가을이다.

돌아보면 아쉬움이 더 많았던 비즈맵1을
아껴주신 많은 분들께 고개숙여 감사드리며,
비즈맵2도 구슬을 벗으로 아끼는
많은 이들과 함께 했으면 하는 바람이다.

2007년 가을 이종경

2006. 8.	인터넷 동영상 강좌 www.vipup.com 비즈공예 강의
2006.	롯데백화점 매듭장신구공예 강사 (노원점)
2006.	신흥대학교 평생교육원 구슬공예 강사
2005. 6.	숙명여자대학교 디자인대학원 비드아트 디자인학과 수료
2005. 5.	한국워크아트공예가협회 대표
2005. 5.	제1회 비드아트 & 디자인 과정 수료 작품전
	- 인사아트센터
	- 부산동주대학교 석파갤러리
	- 원주 문화원
2004. 11.	Vergil' International Art Association Korean Members Exhibition
	- Radio Korea Dosan Hall, L.A, U.S.A
2004. 9.	국제 미술 문화지 Vergil, Artist Interview
2004. 5~9	여성생활 공예지 월간 '마노' 구슬공예 작품 디자인
2004. 5.	제1회 하비쇼 구슬공예 부문 출품
	- 코엑스 몰
2003. 8 ~	현 구슬공방 '비즈맵' 운영, 구슬공예 전문쇼핑몰 www.beadsmap.com운영
2002. 10.	2002 청주 공예문화 상품대전 입선
2002~2005	롯데마트 문화센터 구슬공예 강사 (의정부점)
2002. 1.	제5회 한국패션악세사리 디자인 공모전 특선
1999. 10.	생활의 향기' 비즈공예과정 수료
1989~2000	대구 서부여자중학교, 본리중학교 국어교사
1989. 2.	경북대학교 사범대학 국어교육학과 졸업

Mobile. 016.864.1519 www.beadsmap.com e-mail. beasmap@beadsmap.com

Contents

PART 1
간결한, 그래서 더욱 아름다운...

1. 청순함과 열정이 어우러진 **산호꽃 목걸이**
2. 부정형 속에서 느끼는 멋스러움 **진주원석 Y목걸이**
3. 카키 글래스 비즈의 자연스러운 매력 **카키 매듭줄 팔찌**
4. 심플해서 더욱 고급스러운 **베이지 자개 목걸이**
5. 크리스탈의 화려함을 깨끗하게 표현한 **크리스탈 묵주 팔찌**
6. 로맨틱한 변신 **하와이안 꽃잎진주 목걸이**
7. 글래스 비즈와 매듭줄의 조화 **도래매듭 카키 목걸이**
8. 무늬핵진주의 고급스러움을 살린 **버니쉬 하트 시계**
9. 매혹적인 가을 색감 **신주 딸랑이 반지와 귀걸이**
10. 섬세한 느낌의 **드랍 5줄 귀걸이**
11. 원석칩의 소박한 멋 **원석진주 반지**
12. 잔잔한 아름다움 **큐브 Y목걸이**
13. 신주메탈의 무거움을 살린 **램프 비드 메탈 목걸이**
14. 편안하면서도 고급스러운 **버니쉬 원형 시계 목걸이**
15. 어떤 차림에도 어우러지는 **가는줄 오닉스 목걸이**
16. 쉽게 만들어 고급스럽게 연출하는 **벨벳 코사지**
17. 앤틱한 멋 **원석 드랍 귀걸이**
18. 단정한 느낌의 **블랙 큐브 시계**
19. 오건디 리본과 브라운 진주의 만남 **베이지 리본 진주 목걸이**

PART 2
다채로움, 그리고 어우러짐.

1. 큼직한 화려함 **보라 큰꽃 귀걸이**
2. 다채로운 색의 조화 **칼라 믹스 반지**
3. 고전적인 느낌 **앤틱 사각 핸드폰줄**
4. 캣츠아이의 부드러운 느낌을 살린 **캣츠아이 포인트 반지**
5. 원색의 대비가 주는 매력 **에메랄드 캣츠아이 팔찌**
6. 펜던트의 시원함을 살려주는 **자수정 누드 목걸이**
7. 보색대비가 주는 화려한 생동감 **칠보 타원 목걸이**
8. 체인 가운데서 딸랑이는 사랑스러움 **30구 체인 귀걸이**
9. 진주의 청아함이 돋보이는 **진주 리본 팔찌**
10. 고급스러운 색감 **카키 글래스 비즈 꽃 목걸이**
11. 신비로운 보랏빛 향기 **컬러 꽃팔찌**
12. 은은하게 화려한 **진주 거울 핸드폰줄**
13. 연필에 포인트를 주는 **꽃연필 장식**
14. 레드 호안석이 주는 묵직한 멋 **호안석 입체꽃 목걸이**
15. 너무 사랑스러운 느낌 **분홍 캣츠아이 시계**
16. 불투명 구슬이 주는 또다른 느낌 **이색 띠반지**
17. 깨끗한 고급스러움 **진주 불꽃 시계**
18. 눈꽃같은 느낌의 **큰링 꽃귀걸이**
19. 한복에도 잘 어울리는 **앤틱 진주 반지**

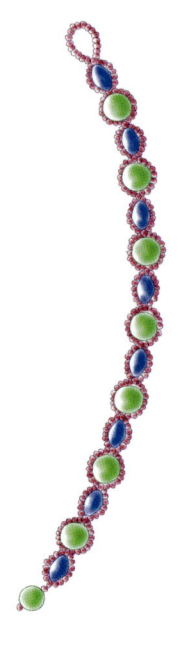

PART 3
정성어린, 섬세한 아름다움.

1. 정성을 담은선물 **진주 액자**
2. 스톤과 드랍, 크리스탈이 주는 화려한 느낌 **드랍 스톤 목걸이**
3. 정교한 고급스러움을 주는 **타원 램프 반지**
4. 커플끼리 나누어요 **커플 반지**
5. 차에도, 책상위에도 사랑스럽게 **키티 인형**
6. 잔잔하면서도 고급스러운 **사금석 꽃하트 목걸이**
7. 니트위에 고급스럽게 어울리는 **잠자리 볼륨메달 목걸이**
8. 상큼한 딸기향 **딸기 귀걸이**
9. 명품으로 꾸미는 내 핸드폰 **샤넬 가방 핸드폰줄**
10. 손가락에 살짝 묶은 포인트 리본 **리본 반지**
11. 세가지 색의 어우러짐 **꽃사각 목걸이**
12. 기품있는 아름다움 **노리개**
13. 재킷에 분위기를 주는 **까메오 코사지**
14. 가까은 이들에게 선물하기 좋은 **미니 노리개 핸드폰줄**
15. 볼수록 사랑스러운 색감 **카키꽃 팔찌**
16. 나만의 개성이 돋보이는 **고양이 귀걸이**
17. 캐주얼에 사랑스러운 포인트 **씨드 오픈 하트 목걸이**
18. 파티가 있는날 **나비 반지**

www.beadsmap.com

구슬 공예의 도안을 읽는 법

1. ★은 모든 도안에서 시작하는 위치를 가리킨다.

2. **통과하기**
   ① 와이어나 낚싯줄에 구슬을 차례로 넣어 준다.
   ② 이미 만들어 놓은 모티브에 연결시키며 만들 때, 구슬을 넣지 않고 줄만 넣어준다.

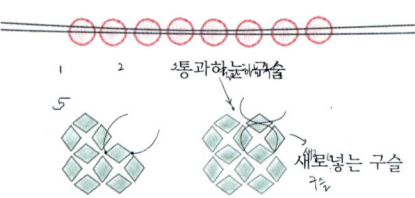

3. **교차하기**
   낚싯줄에 구슬을 차례로 넣고 마지막 구슬에서 다른 쪽 낚싯줄을 반대 방향으로 들어가서 나오게 한다.

4. **말기**
   낚싯줄에 구슬을 차례로 넣은 후 처음의 구슬만 다시 통과시켜 준다.

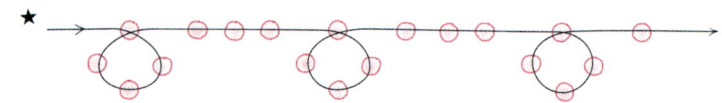

5. **십자묶기와 마무리 하기**
   하나의 모티브를 끝내고 마무리할 때 묶는 방법으로 하나의 실을 위로 올려 묶고 다시 그 실을 위로 올려(손은 반대쪽) 묶는 방법으로 매듭은 작게 생기면서 잘 풀리지 않게 하는 것이 가장 좋은 매듭이다.
   묶고 난 후 남은 낚싯줄을 그냥 자르면 풀릴 수 있어 남은 실은 반드시 매듭 가까이 있는 구슬에 통과시켜 주고 자른다. 이 때 통과를 시키기가 힘든 경우가 있는데, 그럴때는 3mm정도 남기고 위로 자른 후 라이타불을 가까이 대어 남은 낚싯줄을 없애준다.

6. **목걸이 줄의 시작과 마무리**
   보통 모티브를 짠 후 목걸이 줄을 만들어 주는데 3호 낚싯줄을 사용할 때는 필요한 길이의 두배에 여유분을 더해서 잘라 그림과 같이 반 접은 후 씨드비즈를 하나 걸고 볼팁을 넣어 평집게로 닫은 후 시작한다.
   낚싯줄의 마무리나 와이어의 시작과 마무리는 모두 볼팁을 넣고 고정볼을 눌러준다.

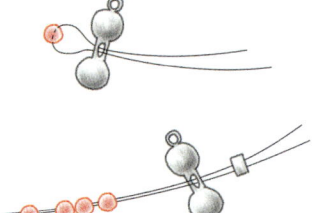

구슬 공예의 기본 도구와 그 사용법

1. 평집게
구슬공예를 할 때 가장 많이 사용하는 기본 도구이다. 고정볼을 눌러 주고 볼팁을 닫을 때, O링이나 C링을 여닫을 때 사용하며, 낚싯줄을 단단히 묶고자 할때도 평집게로 매듭의 가까이를 잡고 당기면 견고하게 묶을 수 있다.

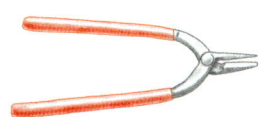

2. 구자집게
T핀이나 9핀을 동그랗게 말아줄 때 사용한다. 구자집게의 끝부분은 작은 고리를, 안으로 넣어주면 큰 고리를 만들 수 있다.

♥ T핀 작업하기

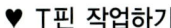
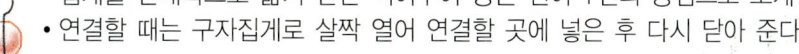

- T핀에 구슬을 넣고 0.6mm 남긴 후 니퍼로 자른다.
- 구자집게로 T핀의 끝을 잡아 한바퀴 돌린다.
- 집게를 반대쪽으로 옮겨 한번 꺾어주어 둥근 원이 T핀의 중심으로 오게 한다.
- 연결할 때는 구자집게로 살짝 열어 연결할 곳에 넣은 후 다시 닫아 준다.

3. 니퍼
금속 체인이나 T핀, 9핀 등의 금속을 자를 때 사용한다.

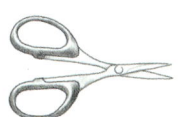

4. 가위
낚싯줄을 자를 때 사용하며 끝이 길고 뾰족한 공예용 가위를 써야 예리하게 자를 수 있어 편리하다.

5. 작업반지
O링이나 C링을 여닫을 때 사용한다. O링의 한쪽을 평집게로 잡은 후 왼손에 작업반지를 끼고 O링의 반대쪽을 끼운 후 아래위로 열어준다.

6. 송곳
낚싯줄이 통과하지 않아야 할 구슬까지 통과했을 때 송곳을 구슬사이에 넣어 낚싯줄을 걸어 당기면 쉽게 뺄 수 있다. 접착제를 사용해야 할 때도 송곳의 끝을 이용하여 발라 주면 편리하다.

7. 낚싯줄
굵기에 따라 호수가 다양한데 구슬공예에는 주로 3호가 사용되며, 교차가 많은 작품에는 2호, 견고함이 요구되는 가방등의 작품에는 5호가 사용된다. 작품의 성격에 따라서는 와이어나 실을 사용하기도 한다.

8. 와이어
목걸이 줄을 만들었을 때 둥근 형태가 유지되기를 원하는 경우에 사용한다. 주로 사용하는 와이어의 굵기는 한 줄로 완성할 때는 0.45mm가, 여러겹 누드를 만들때는 0.38mm가 이용된다. 주의할 점은 와이어 작품은 꺾지 말고 늘 둥글게 말아서 보관해야 한다는 것이다.

물 결

비즈공예인을 위한 지침서
Beads Map

Part 1

간결한, 그래서 더욱 아름다운...

살아가면서 때때로 마음이 소박한 사람이 그리워지듯, 구슬도 그저 단순하게 재료자체가 가지고 있는 나름대로의 맛을 그대로 살린 것들에 마음 끌릴 때가 많다.
Part 1에서는 누구나 쉽게 만들고, 오래 보아도 싫증나지 않는 간결한 디자인들을 모아 보았다.

청순함과 열정이 어우러진

산호꽃 목걸이

목걸이 재료
산호꽃 10개, 산호칩 96개, 진주 26개,
와이어 약 42cm, 볼팁 2개, 고정볼 2개,
마감장식

산호꽃 목걸이

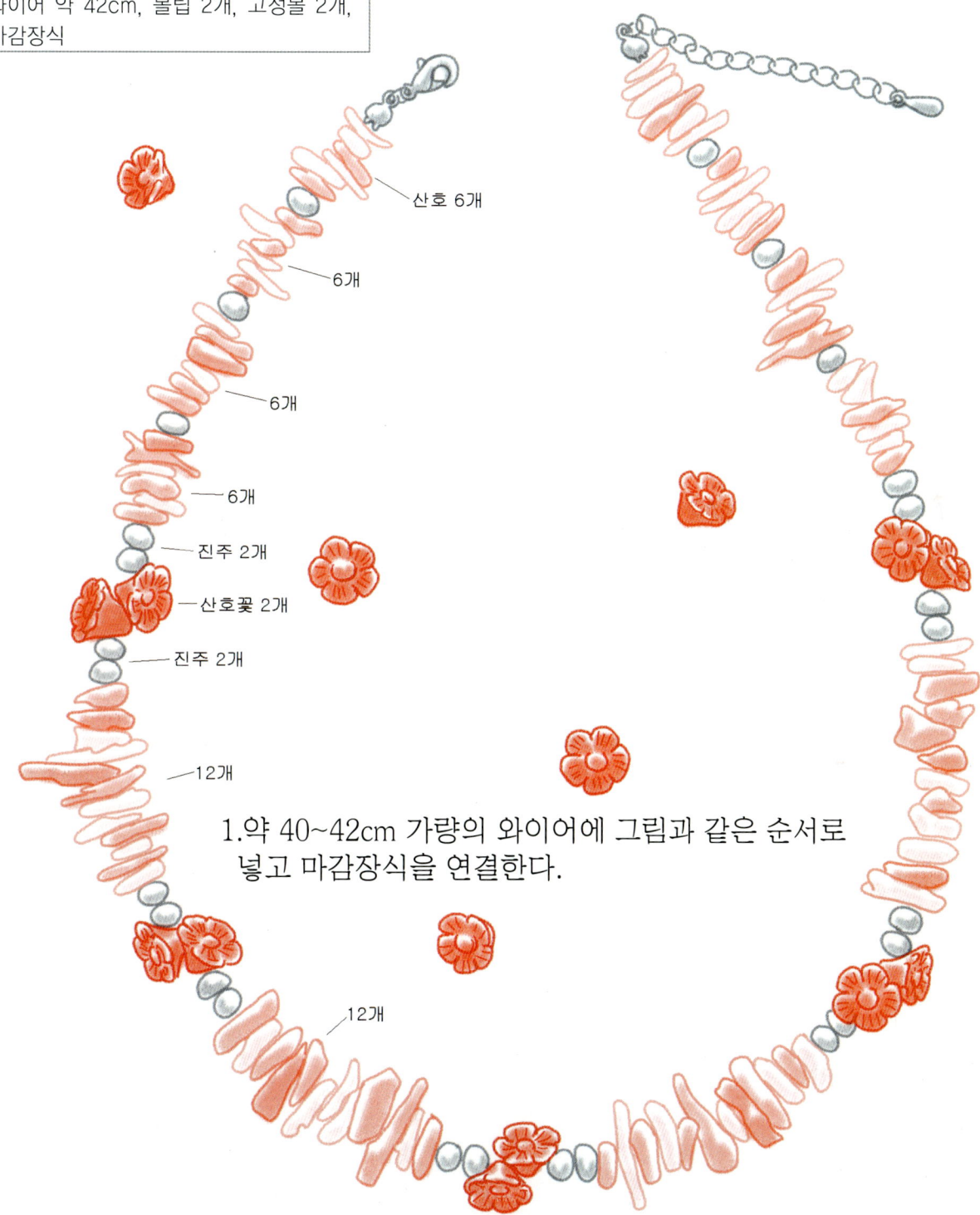

- 산호 6개
- 6개
- 6개
- 6개
- 진주 2개
- 산호꽃 2개
- 진주 2개
- 12개
- 12개

1. 약 40~42cm 가량의 와이어에 그림과 같은 순서로 넣고 마감장식을 연결한다.

부정형속에서 느끼는 멋스러움
진주 원석 Y목걸이

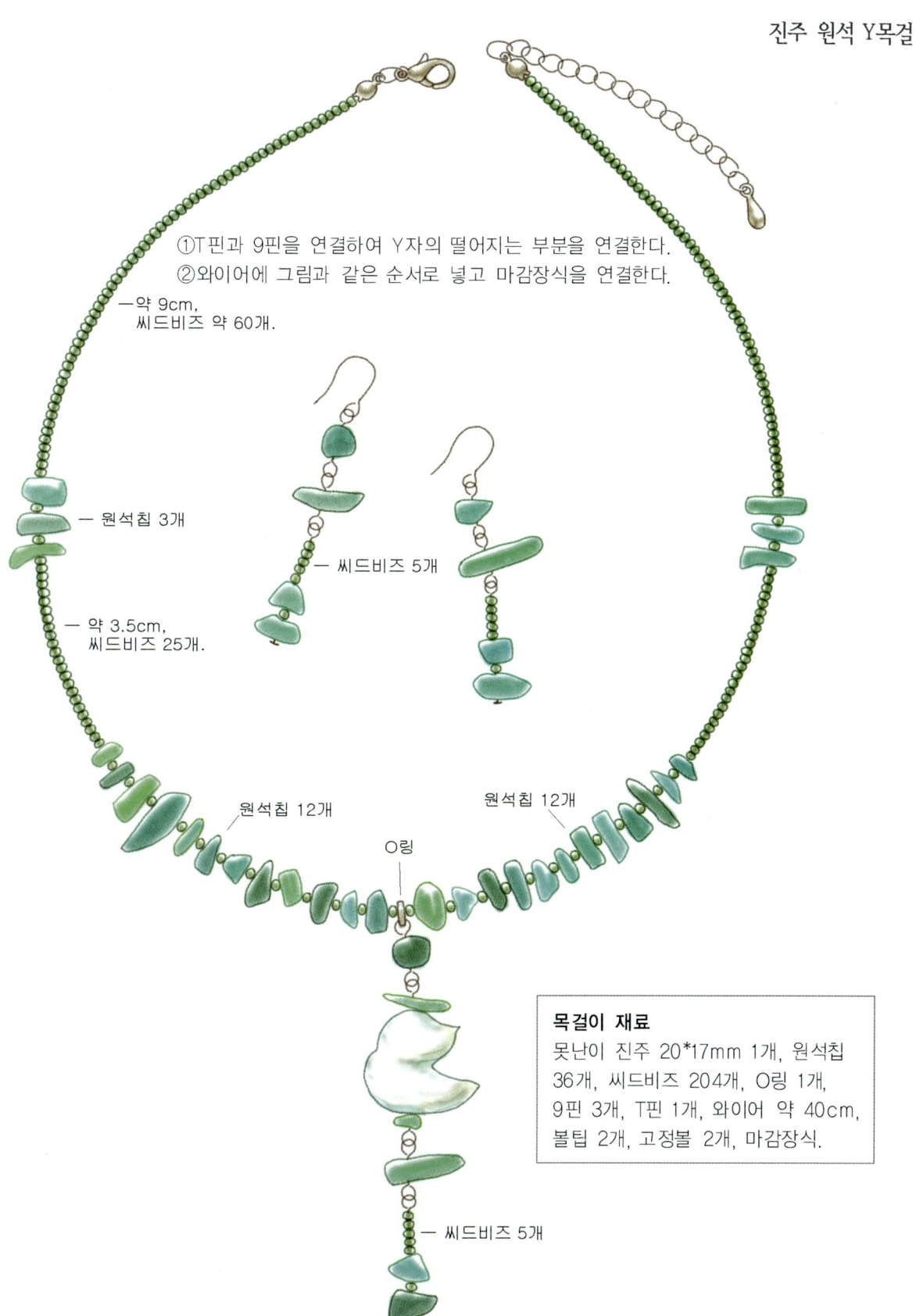

카키글래스 비즈의 자연스러운 매력

카키 매듭줄 팔찌

카키 매듭줄 팔찌

재료
연봉매듭줄, 15×10mm 글래스비즈 1개,
8×6mm 글래스비즈 2개, O링 2개, T핀 3개,
3mm 마감캡 2개, 마감장식.

① 카키 글래스비즈 3개는 T핀 작업한다.
② 매듭줄에 O링으로 연결한다.
③ 매듭줄의 길이를 정하고 마감장식을 연결한다.

심플해서 더욱 고급스러운

베이지 자개 목걸이

베이지 자개 목걸이

목걸이 재료
3cm 꽃자개 1개,
4mm 라운드 자개 98개,
와이어 38cm, O링 1개,
볼팁 2개, 고정볼 2개,
마감장식

귀걸이 재료
2cm 꽃자개 2개,
O링 4개, 낚시고리

─O링 2개

─4mm 자개 49개
 약 18cm

와이어에 그림과 같은 순서로 넣고
마감장식을 연결한다.

크리스탈의 화려함을 심플하게 표현한
크리스탈 묵주 팔찌

크리스탈 묵주 팔찌

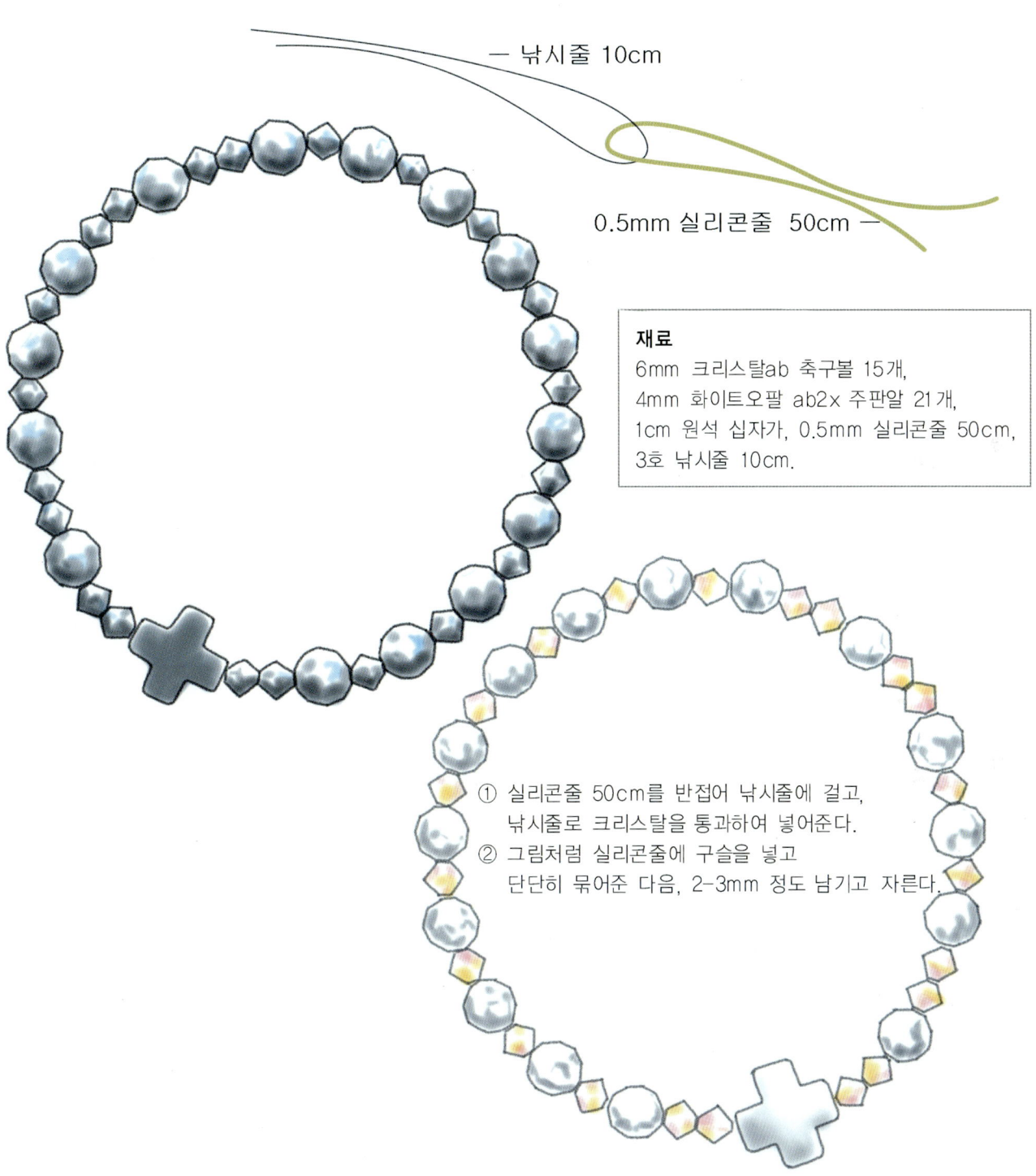

— 낚시줄 10cm

0.5mm 실리콘줄 50cm —

재료
6mm 크리스탈ab 축구볼 15개,
4mm 화이트오팔 ab2x 주판알 21개,
1cm 원석 십자가, 0.5mm 실리콘줄 50cm,
3호 낚시줄 10cm.

① 실리콘줄 50cm를 반접어 낚시줄에 걸고,
낚시줄로 크리스탈을 통과하여 넣어준다.
② 그림처럼 실리콘줄에 구슬을 넣고
단단히 묶어준 다음, 2-3mm 정도 남기고 자른다.

약간 가는 실리콘줄을 두겹으로 사용하는 것이 더 튼튼하답니다.

로맨틱한 변신
하와이안 꽃잎진주 목걸이

하와이안 꽃잎진주 목걸이

재료
3cm 꽃자개 3개, 2cm 꽃자개 2개,
5mm 타원형 담수진주 55개,
꽃잎진주 71개, 고정볼 1개,
5호 낚시줄 90cm.

— 5~6mm 진주 55개 (약 30.5cm)

— 고정볼로 마무리

— 꽃잎진주 21개 (12.6cm)

— 낚시줄을 고정볼로 눌러주고 잘라낸다.

— 꽃잎진주 16개 (8.5cm)

꽃잎진주 3개 (1.8cm) —

— 꽃잎진주 31개 (16.5cm)

마무리 부분을 묶어주게 되면 5호 낚시줄이라 매듭도 크고 묶여진 부분이 살짝 꺾이게 되죠. 고정볼 하나만 눌러주면 자연스러운 라인으로 만들 수 있답니다.

글래스 비즈와 매듭줄의 조화

도래매듭 카키 목걸이

도래매듭 카키 목걸이

재료
10×15mm 글래스비즈 3개,
6×8mm 글래스비즈 5개,
도래매듭줄, O링 10개, 9핀 1개,
T핀 7개, 5mm 캡 2개, 마감장식

그림과 같이 T핀 작업하여 매듭줄에 걸어주고 마감장식을 연결한다.

매듭줄을 사용하다 구겨지면 뜨거운 수증기에 잠깐 쐬어주면 늘 새것처럼 사용할 수 있습니다.

무늬 핵진주의 고급스러움을 살린
버니쉬 하트시계

버니쉬 하트시계

재료
신주버니쉬 하트 시계1개, 8mm 무늬핵진주 연두색 8개, 3mm 주판알 올리바인 Sa 14개, 3호 낚시줄 40cm 2줄, 마감장식

그림과 같은 순서로 구슬을 넣어준다.

시계가 짧을 경우, 시계중심 또는 마감장식 부분에 주판알 4개를 넣어준다.

매혹적인 가을 색감
신주 딸랑이 반지와 귀걸이

신주 딸랑이 반지와 귀걸이

반지 재료
8mm 진주 3개, 토파즈꽃 1개,
6mm 축구볼 토파즈 1개,
6mm 축구볼 싸이암 2개,
6mm 주판알 올리바인 1개,
4mm 큐브 올리바인 1개,
T핀 9개, O링 1개, 반지대 1개.

① 그림처럼 구슬들을 모두 T핀 작업한다.
② 오링으로 연결한다.

귀걸이 재료
8mm 진주 2개, 토파즈꽃 2개,
4mm 큐브 올리바인 2개,
6mm 축구볼 싸이암 2개,
6mm 주판알 올리바인 2개,
T핀 10개, O링 2개, 귀걸이훅.

섬세한 느낌의
드랍 5줄 귀걸이

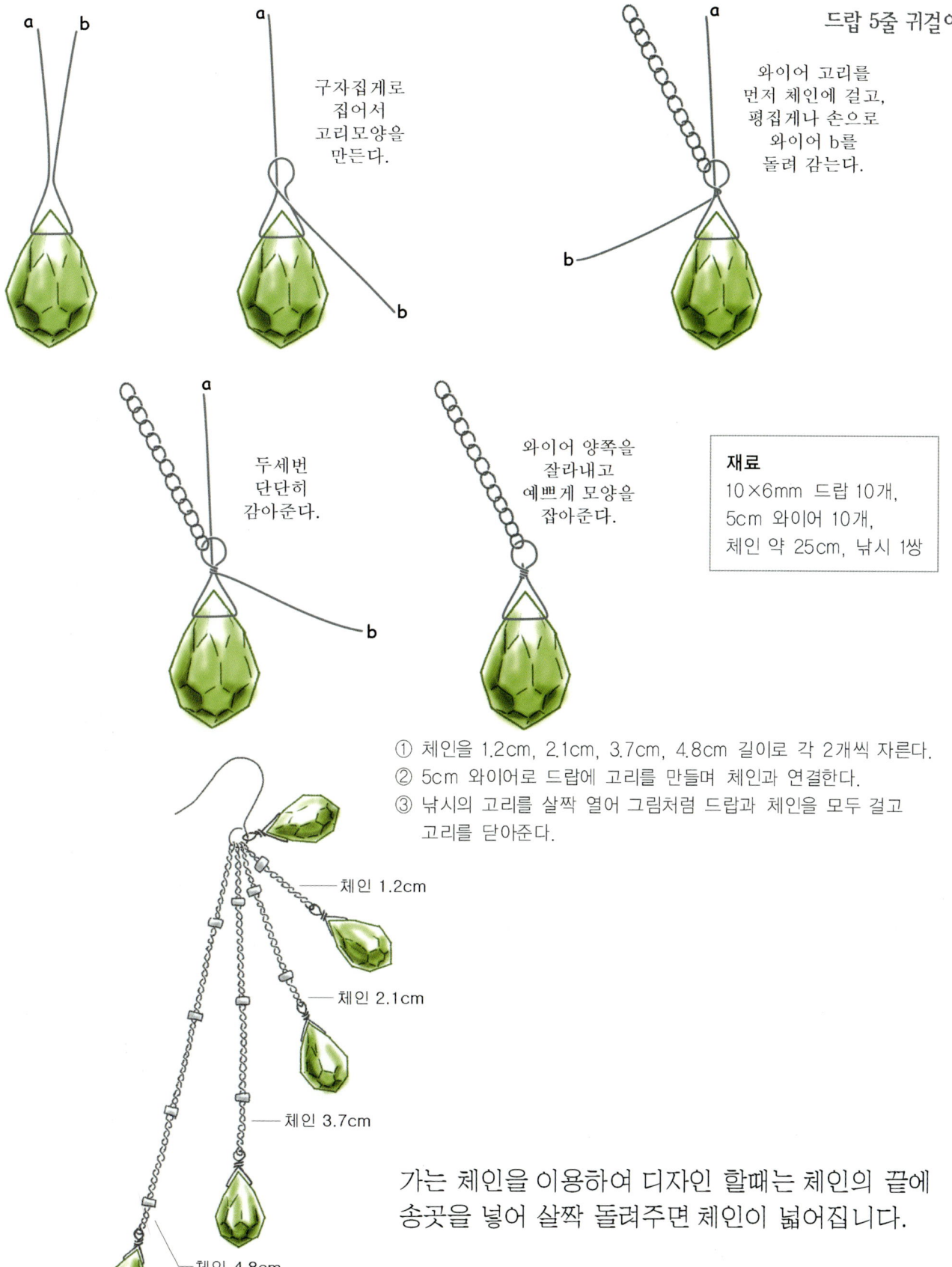

드랍 5줄 귀걸이

구자집게로 집어서 고리모양을 만든다.

와이어 고리를 먼저 체인에 걸고, 평집게나 손으로 와이어 b를 돌려 감는다.

두세번 단단히 감아준다.

와이어 양쪽을 잘라내고 예쁘게 모양을 잡아준다.

재료
10×6mm 드랍 10개,
5cm 와이어 10개,
체인 약 25cm, 낚시 1쌍

① 체인을 1.2cm, 2.1cm, 3.7cm, 4.8cm 길이로 각 2개씩 자른다.
② 5cm 와이어로 드랍에 고리를 만들며 체인과 연결한다.
③ 낚시의 고리를 살짝 열어 그림처럼 드랍과 체인을 모두 걸고 고리를 닫아준다.

— 체인 1.2cm
— 체인 2.1cm
— 체인 3.7cm
— 체인 4.8cm

가는 체인을 이용하여 디자인 할때는 체인의 끝에 송곳을 넣어 살짝 돌려주면 체인이 넓어집니다.

원석칩의 소박한 멋

원석진주반지

원석진주반지

재료
타원형 진주 8mm 1개, 원석칩 7~8개,
14mm 벌집, 사이즈 조절 반지대,
3호 낚싯줄 40cm

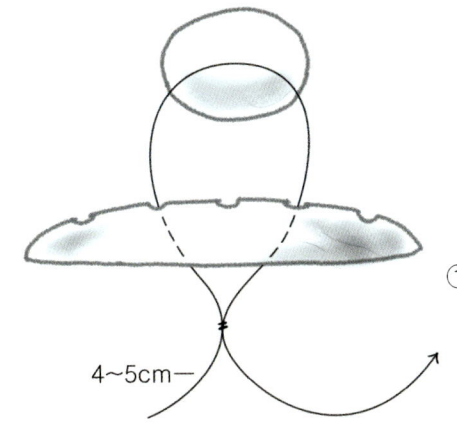

① 14mm벌집에 진주를 묶어준다.
이때 한쪽 낚시줄을 5cm 정도 남겨둔다.

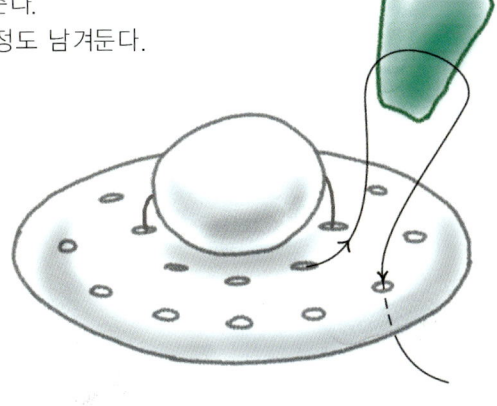

② 벌집의 구멍들을 이용해서 원석칩을 7~8개 고정시키고 남은 낚시줄은 처음 남겨둔 낚시줄과 벌집의 뒷면에서 묶은후 자른다.

③ 사이즈 조절 반지대에 완성된 벌집을 올리고 평집게로 네 모서리를 꺽어 고정시킨다.

반지대의 네 톱니는 2개 정도는 먼저 꺾어준 후 벌집을 넣고 남은 2개를 꺾어주는 것이 쉽게 만들 수 있습니다.

큐브Y목걸이

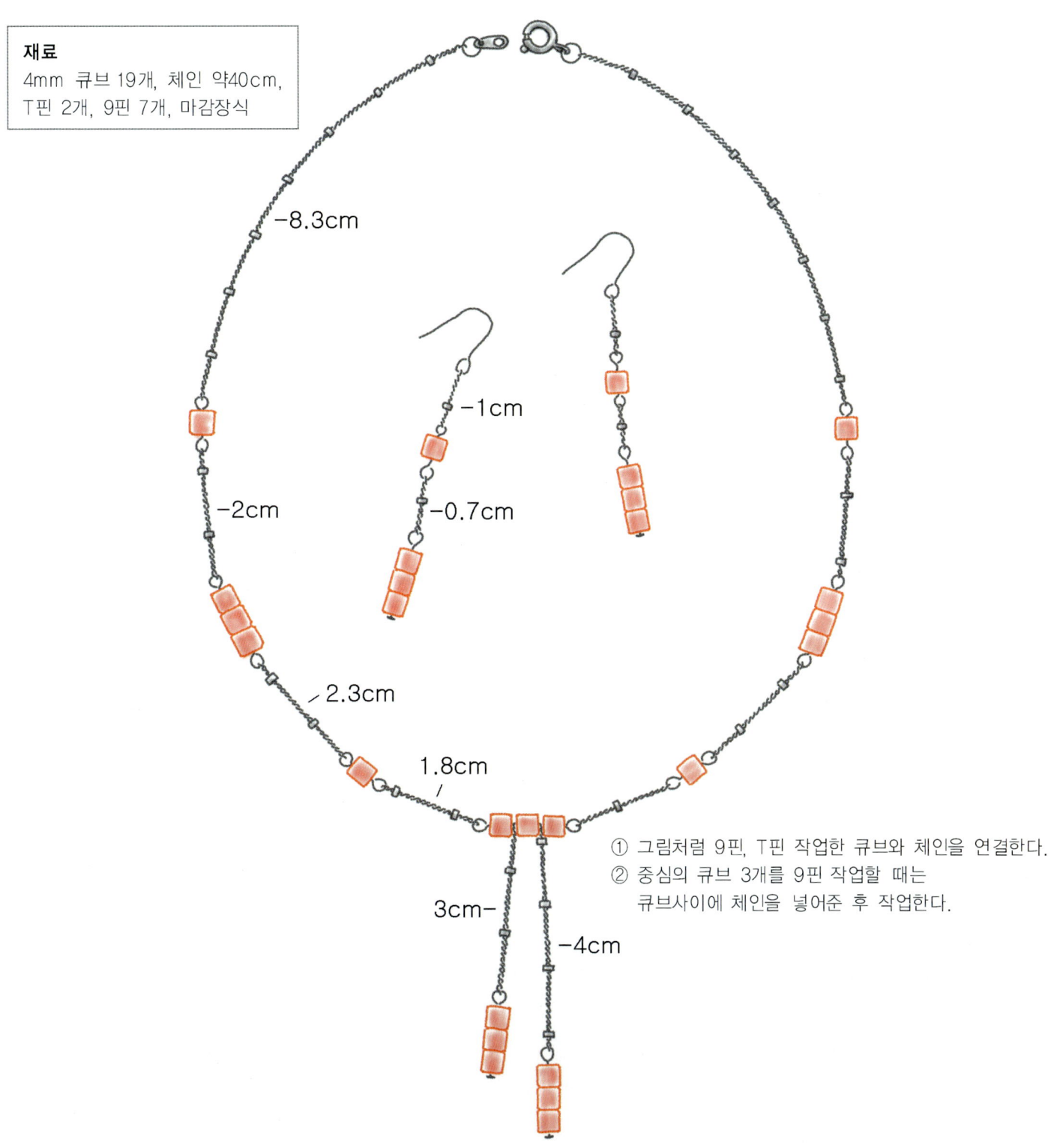

재료
4mm 큐브 19개, 체인 약40cm,
T핀 2개, 9핀 7개, 마감장식

① 그림처럼 9핀, T핀 작업한 큐브와 체인을 연결한다.
② 중심의 큐브 3개를 9핀 작업할 때는 큐브사이에 체인을 넣어준 후 작업한다.

체인을 넓혀 주어야 할 때는 송곳을 넣어 돌려주세요.

신주메탈의 무거움을 살린
램프 비드 메탈 목걸이

램프 비드 메탈 목걸이

① 그림처럼 T핀, 9핀 작업하여 오링으로 연결한다.

재료
12mm 원형 램프비즈 1개,
14mm 타원형 램프비즈 4개,
18mm 메탈 하트 플라워 4개,
10mm 메탈 삼각꽃 17개,
10mm 앤틱메탈11개, 6mm 꽃캡 10개,
O링 30개, T핀 1개, 9핀 4개, 마감장식

편안하면서도 고급스러운
버니쉬 원형시계

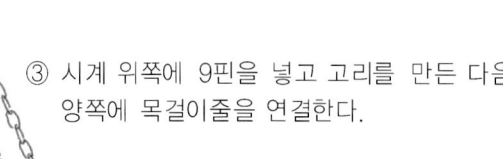
버니쉬 원형시계

① O링 2개와 9핀으로 7cm 체인 7줄을 걸어준다.

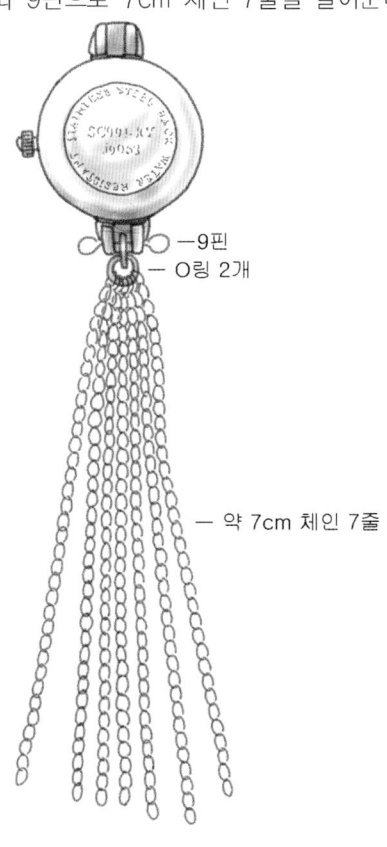

- 9핀
- O링 2개
- 약 7cm 체인 7줄

③ 시계 위쪽에 9핀을 넣고 고리를 만든 다음, 양쪽에 목걸이줄을 연결한다.

② 주판알과 진주는 9핀, T핀 작업하여, O링으로 시계에 걸려 있는 9핀의 양쪽끝에 연결한다.

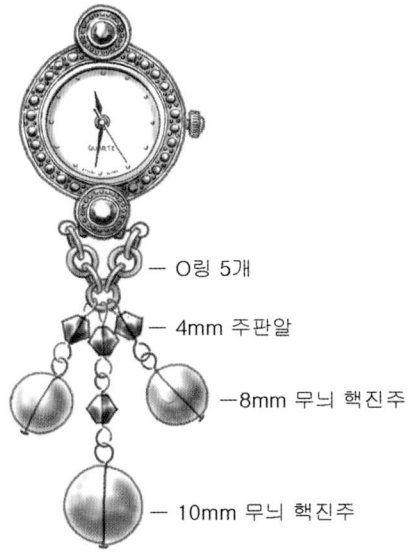

- O링 5개
- 4mm 주판알
- 8mm 무늬 핵진주
- 10mm 무늬 핵진주

재료
버니시 원형시계, 4mm 주판알 헤마타이트 2X 4개,
8mm 핵진주 2개, 10mm 핵진주 1개,
가는 체인 7cm 7개(53cm), 목걸이줄 체인 80cm,
9핀 6개, T핀 3개, O링 7개

어떤차림에도 어울리는
가는 줄 오닉스 목걸이

가는 줄 오닉스 목걸이

재료
4mm 오닉스 35개, 8mm 오닉스 1개,
3mm 주판알 헤마2X 68개,
4mm 주판알 1개, 6mm 주판알 2개,
캡 2개, 9핀 35개, T핀 3개, 마감장식

① 각각 9핀, T핀 작업하여 그림처럼 연결한다.

쉽게 만들어 고급스럽게 연출하는

벨벳 코사지

벨벳 코사지

재료
3.8×4cm 브로치판, 7mm 벨벳리본12cm,
20cm, 10×13mm 물방울 진주 1개,
O링 1개, T핀 1개

① 그림처럼 12cm 벨벳 리본을 넣고, 윗부분을 본드로 붙인다.

— 본드를 한방울 넣어 붙인다.

② 20cm 벨벳리본을 예쁘게 리본으로 접어 본드로 붙이고, O링을 리본에 걸어 T핀 작업한 진주를 걸어준다.

리본테이프는 마무리할 때 올이 풀리지 않게
라이터로 끝부분을 살짝 지져줍니다.
O링을 리본에 걸때는 송곳을 뜨겁게 달구어
리본에 구멍을 낸 후 넣어줍니다.

앤틱한 멋
원석드랍 귀걸이

원석드랍 귀걸이

① T핀의 머리를 잘라 원석의 고리를 만든다.

이부분을 평집게로 집어 두번 비틀어 준다.

한쪽은 니퍼로 자르고, 한쪽은 6mm 남기고 잘라 9자 집게로 고리를 만든다.

② 그림과 같이 연결한다.

재료
9*12mm 원석 6개, 5mm 사금석 튜브 4개, 메탈장식 2개, T핀 6개, O링 2개, 낚시고리

단정한 느낌의
블랙큐브 시계

블랙큐브 시계

재료
시계알, 4mm 큐브 제트 12개,
4mm 론델 4개, 9핀 8개,
마감장식, 3호 낚시줄

1. 큐브와 론델을 그림처럼 9핀 작업하여 연결한다.

2. 시계, 마감장식과 연결하기 (3호 낚시줄 20cm)

① 시계줄 끝의 9핀을 시계 연결부분에 넣고,
   3호 낚시줄 20cm를 연결부분의 구멍과 9핀 사이로 넣는다.

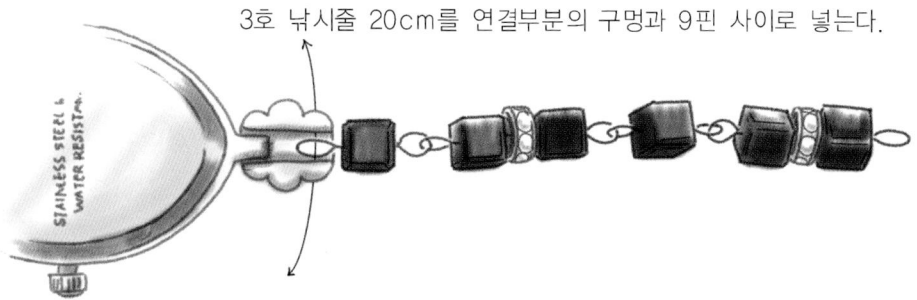

② 낚시줄로 두 번 감아준다.　　　　　③ 시계 연결부분과 9핀을 통과하여 안쪽에서 묶어준다.

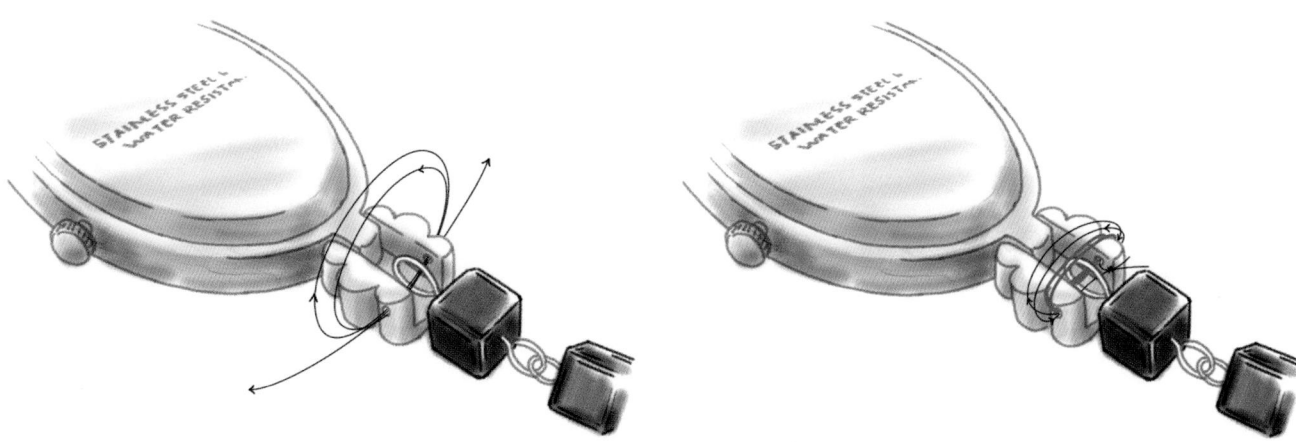

④ 같은 방법으로 마감장식을 연결하고, 반대쪽도 같은 방법으로 시계줄을 만든다.

오건디 리본과 브라운 진주의 만남

베이지 진주 목걸이

베이지 진주 목걸이

1. 리본 두 줄을 여유있게 자르고 두줄을 함께 캡으로 고정한다.
2. 그림과 같이 구슬을 넣는다.
- 리본의 끝을 사선으로 뾰족하게 잘라 구슬을 넣는다.
  잘 들어가지 않을때는 리본 끝에 풀칠을 해서 딱딱하게 만들어 넣어준다.
- 취향에 따라 구슬의 위 아래로 매듭을 한번 묶어주어도 된다.
  이 경우 리본의 길이에 20cm 이상 여유를 두어야 한다.
3. 나머지 리본을 잘라내고 캡으로 마무리한 다음
   O링으로 마감장식을 달아준다.

재료

진주 16mm 5개, 14mm 7개, 10mm 17개, 리본 90cm 1줄, 100cm 1줄, 캡 2개, O링 2개, 마감장식

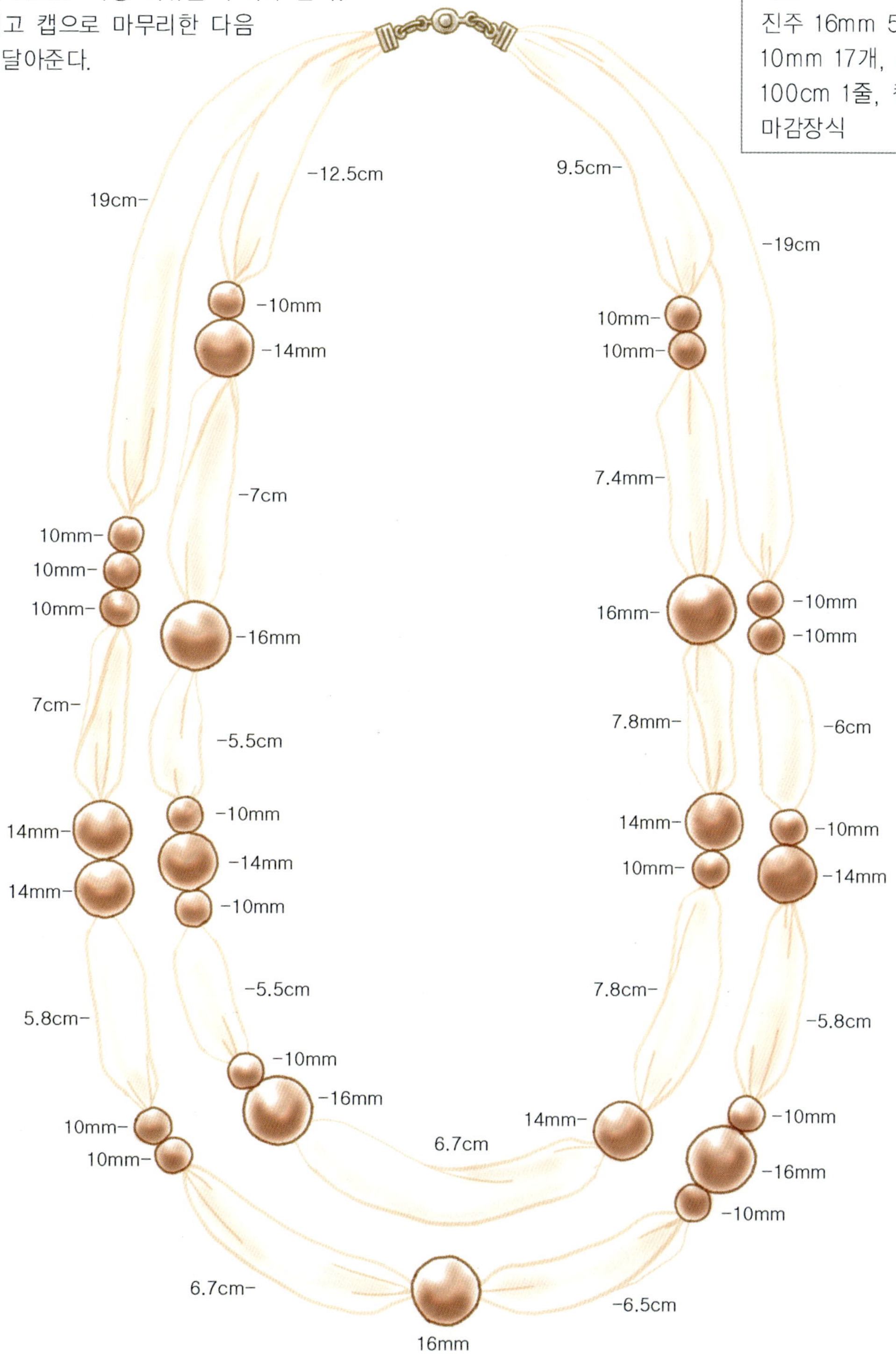

미니 노리개 핸드폰줄

비즈공예인을 위한 지침서
Beads Map

Part 2

다채로움, 그리고 어우러짐...

다양한 구슬을 만지면서 특별히 좋아하는 색보다는, 모든 색들이 고유의 느낌을 가지고 있다는 생각을 자주 하게 된다. 봄날의 뜰에 노랑, 빨강, 초록으로 만발한 꽃들이 자연스럽게 어우러지듯 전혀 다른 개성을 가진 구슬들도 미묘한 아름다움으로 어우러질때가 많다.
빨강 옆에 초록이 있어 빨강이 더욱 강렬하고 자유분방한 원석 옆에서 진주는 청아함이 돋보인다.
Part 2에서는 다양한 색, 다양한 재료들을 다루어 보았다.

큼직한 화려함

보라 큰 꽃 귀걸이

> 재료 : 메탈 꽃판 2개, 6×12자수정 원석 8개, 4×6사금석 튜브 6개,
> 4mm 사금석 축구볼 6개, 4mm 산호 라운드 2개, 9핀 6개, 메탈 나뭇잎 6개,
> 굵은 O링 6개, 3mm O링 6개, 2mm O링 8개, 낚시고리 1쌍, 3호 낚시줄

보라 큰 꽃 귀걸이

1. 꽃판 꾸미기 (3호 40cm)

① 꽃판의 a위치에 낚시줄을 걸고 자수정을 넣은 다음, 낚시줄이 b로 들어가 꽃판의 뒷면에서 묶어준다.
이때 한쪽 낚시줄은 4cm정도 남기고 한쪽 낚시줄은 길게 남겨 나머지 꽃판을 꾸며준다.

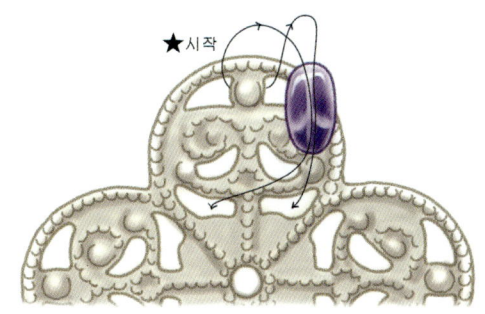

② c의 아래쪽으로 낚시줄을 올려 사금석 튜브를 넣고 b의 위쪽으로 낚시줄이 들어간다.
c의 위쪽에서 낚시줄이 나와 사금석을 통과하고 b의 아래쪽으로 들어간다.

③ 낚시줄이 e에서 나와 자수정을 넣고 d로 들어간다.
f에서 나와 다시 자수정을 통과하고 c로 들어간다.
같은 방법으로 모두 꾸민 다음, 가운데 구멍에서 낚시줄을 올려 산호를 넣고 다시 내려가서 처음 남겨둔 낚시줄과 묶고 마무리한다.

2. 그림처럼 연결하여 완성한다.

다채로운 색의 조화

칼라 믹스 반지

칼라 믹스 반지

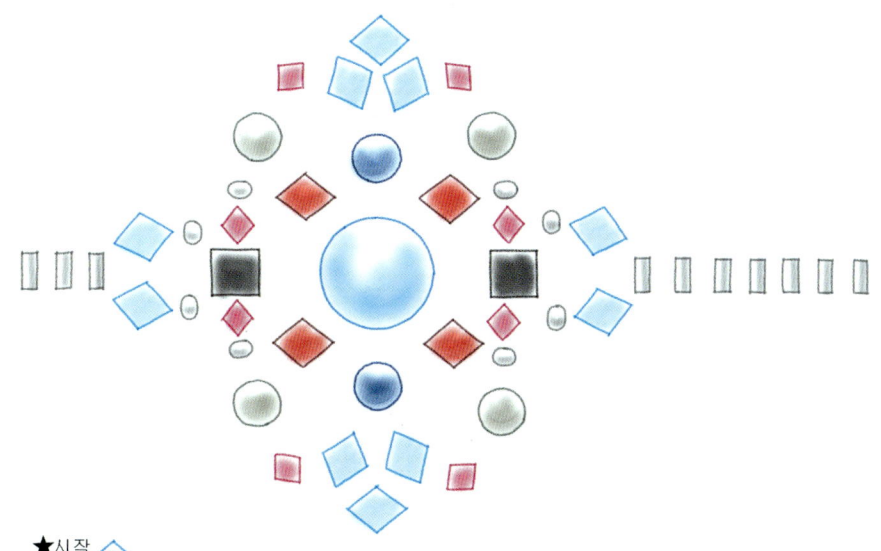

재료
8mm 축구볼 투코이스 1개,
4mm 큐브 제트 2개,
4mm 축구볼 몬타나 사틴 2개,
라이트아조르 사틴 4개,
4mm 주판알 투코이스 2X 10개,
아미 사틴 4개,
3mm 주판알 후샤 사틴 8개,
씨드비즈 은색 8개,
3mm 막대비즈 22~28개,
3호 낚시줄 80cm.

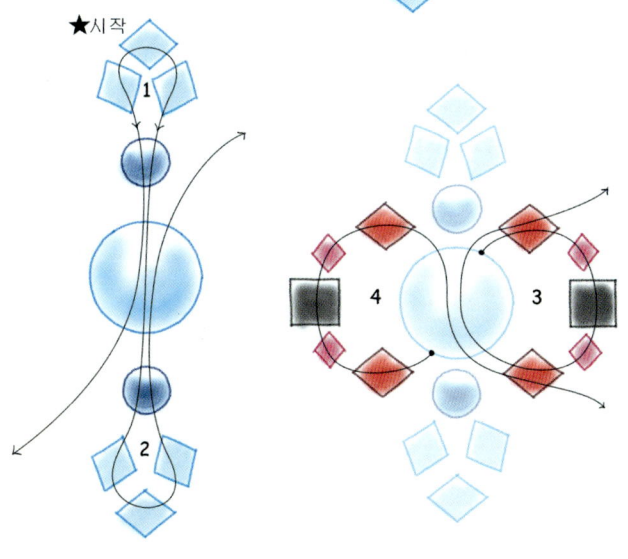

① 반지중심 만들기 (3호 낚시줄 80cm)

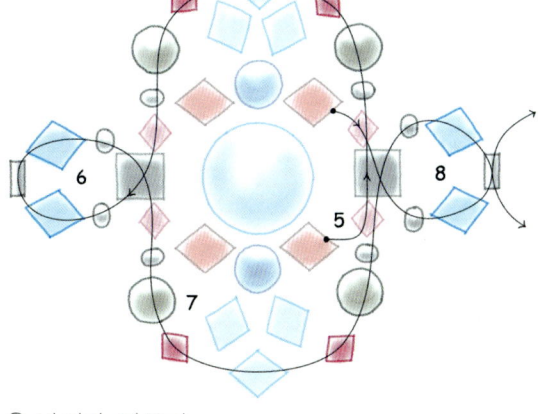

② 반지링 만들기
자신의 손가락 사이즈에 맞게 3mm 막대비드로
반지링을 만들고, 반대쪽에서 묶고 마무리한다.

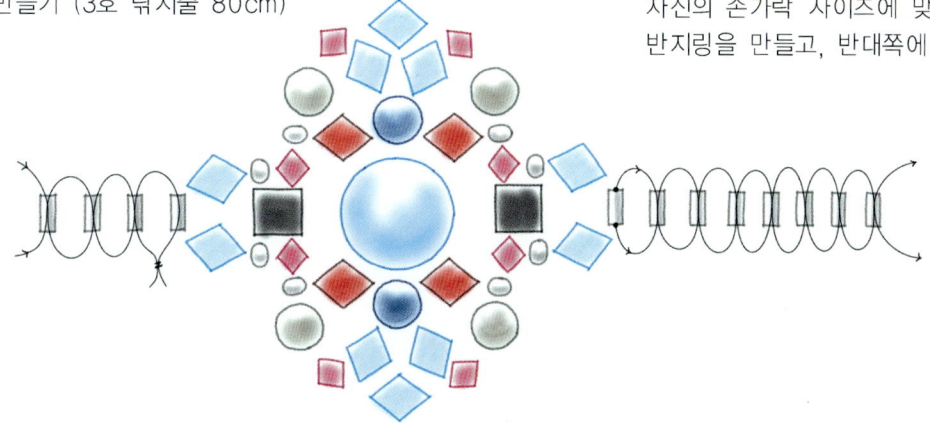

고전적인 느낌
앤틱 사각 핸드폰줄

앤틱 사각 핸드폰줄

① 사각메달 앞면 만들기 (3호 낚시줄 50cm)

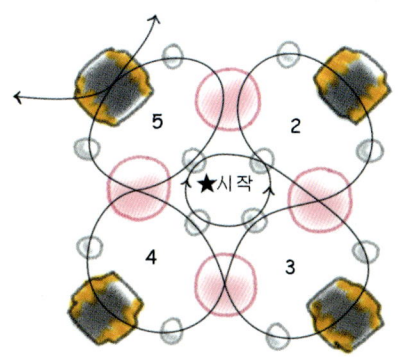

② 뒷면 만들기
바깥쪽의 씨드비즈와 앤틱큐브는 통과만 하고 안쪽의 진주와 씨드비즈만 새로 넣어서 만든다.

③ 9핀을 넣어 고리를 만들고 그림처럼 핸드폰줄, 수술을 연결한다.

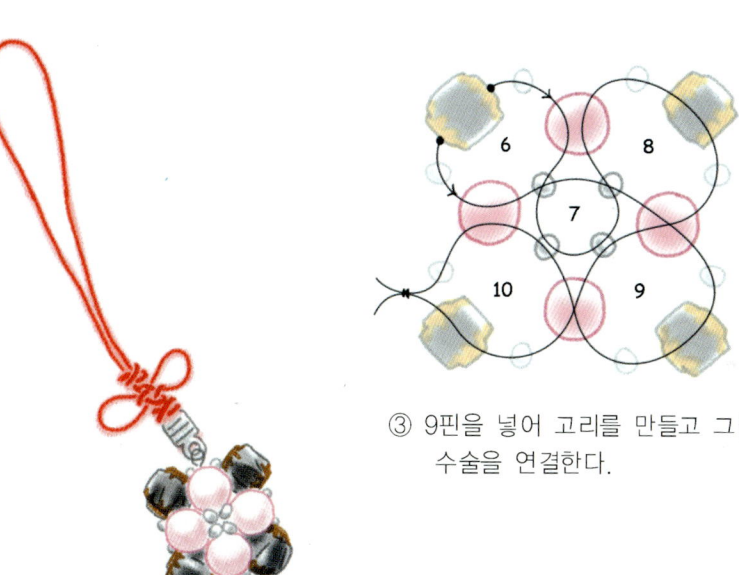

재료
6mm 진주 8개, 6mm 앤틱큐브 4개, 씨드비즈 16개, 9핀 1개, O링 1개, 수술, 핸드폰줄, 3호 낚시줄

캣츠아이의 부드러움을 살린
캣츠아이 포인트 반지

캣츠아이 포인트 반지

재료
8mm 캣츠아이 1개, 4mm 캐츠아이 13~15개,
4mm 주판알 8개, 4mm 파이어폴리시 8개,
씨드비즈 27~30개, 3호 낚시줄 60cm

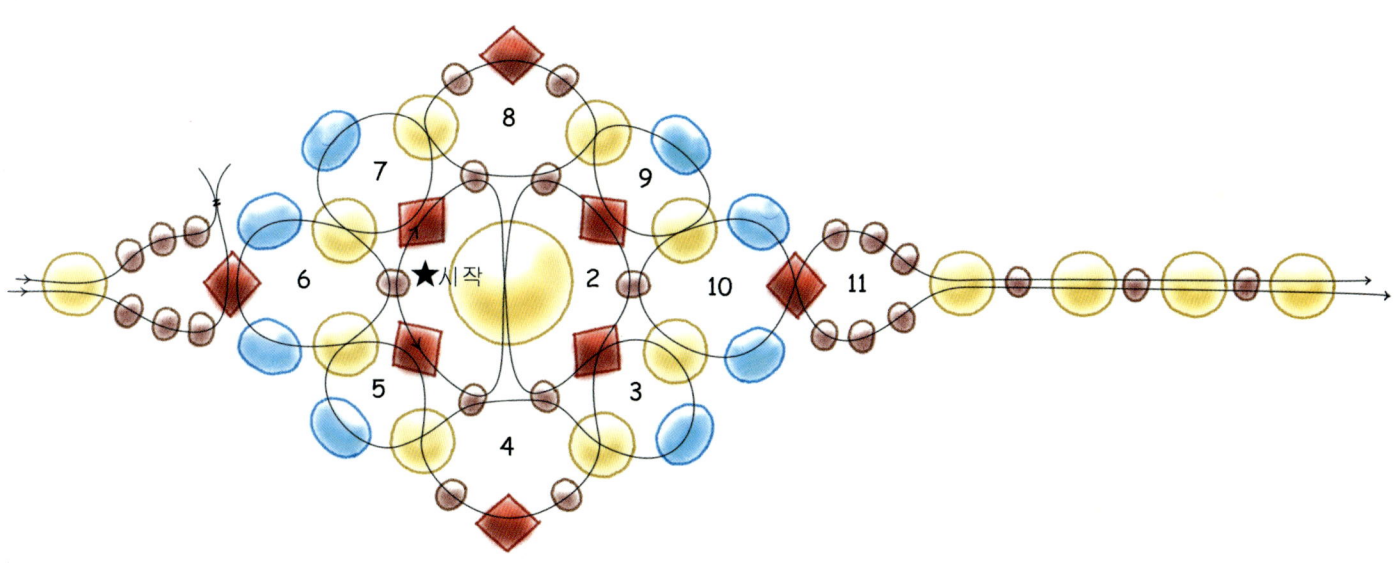

① 11번까지 만든 다음, 자신의 길이에 맞게 캣츠아이와
   씨드비즈를 넣고 반대쪽 주판알로 연결하여 마무리한다.

원색의 대비가 주는 매력
에메랄드 캣츠아이 팔찌

에메랄드 캣츠아이 팔찌

재료
8mm 캣츠아이 축구볼 8개,
8mm 캣츠아이 타원형 8개,
씨드비즈 274개, 3호 낚시줄 140cm

① 낚시줄의 중심에 씨드비즈 한개를 넣고 캣츠아이 축구볼에 걸어 시작한다.

② 타원형 캣츠아이에서 나온 낚시줄이 씨드비즈를 다시 통과하고, 새로운 씨드로 교차한다.

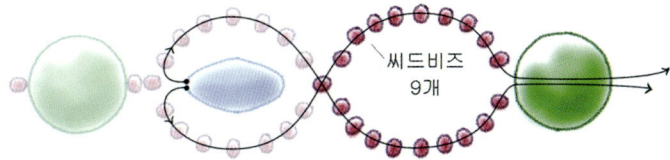

③ 축구볼에서 나온 낚시줄이 씨드비즈를 다시 통과한 다음, 새로운 씨드비즈로 교차한다.

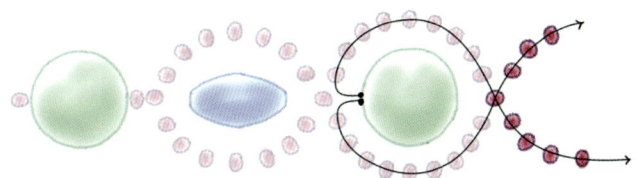

④ 타원형 캣츠아이와 축구볼 캣츠아이로 반복하여 만들어 준다.
씨드비즈로 마지막 교차를 한 다음, 씨드비즈 18개를 새로 넣어 고리를 만들어 준다.

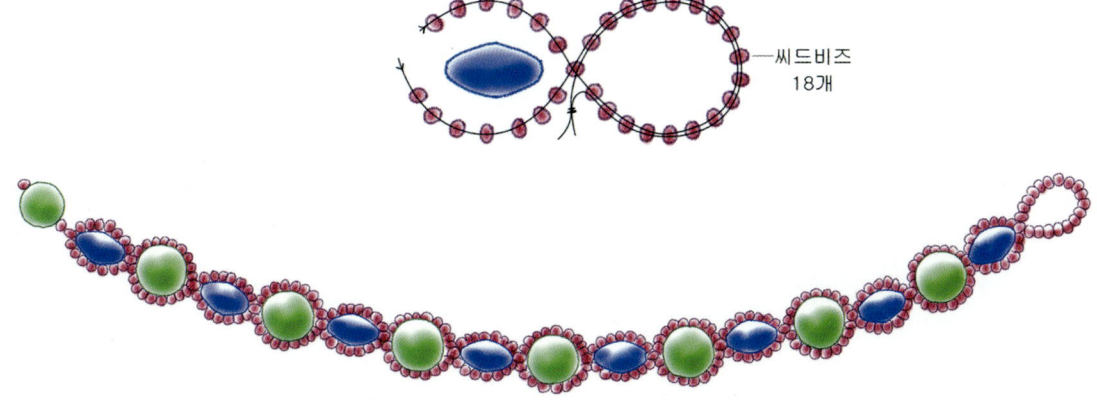

펜던트의 시원함을 살려주는
자수정 누드 목걸이

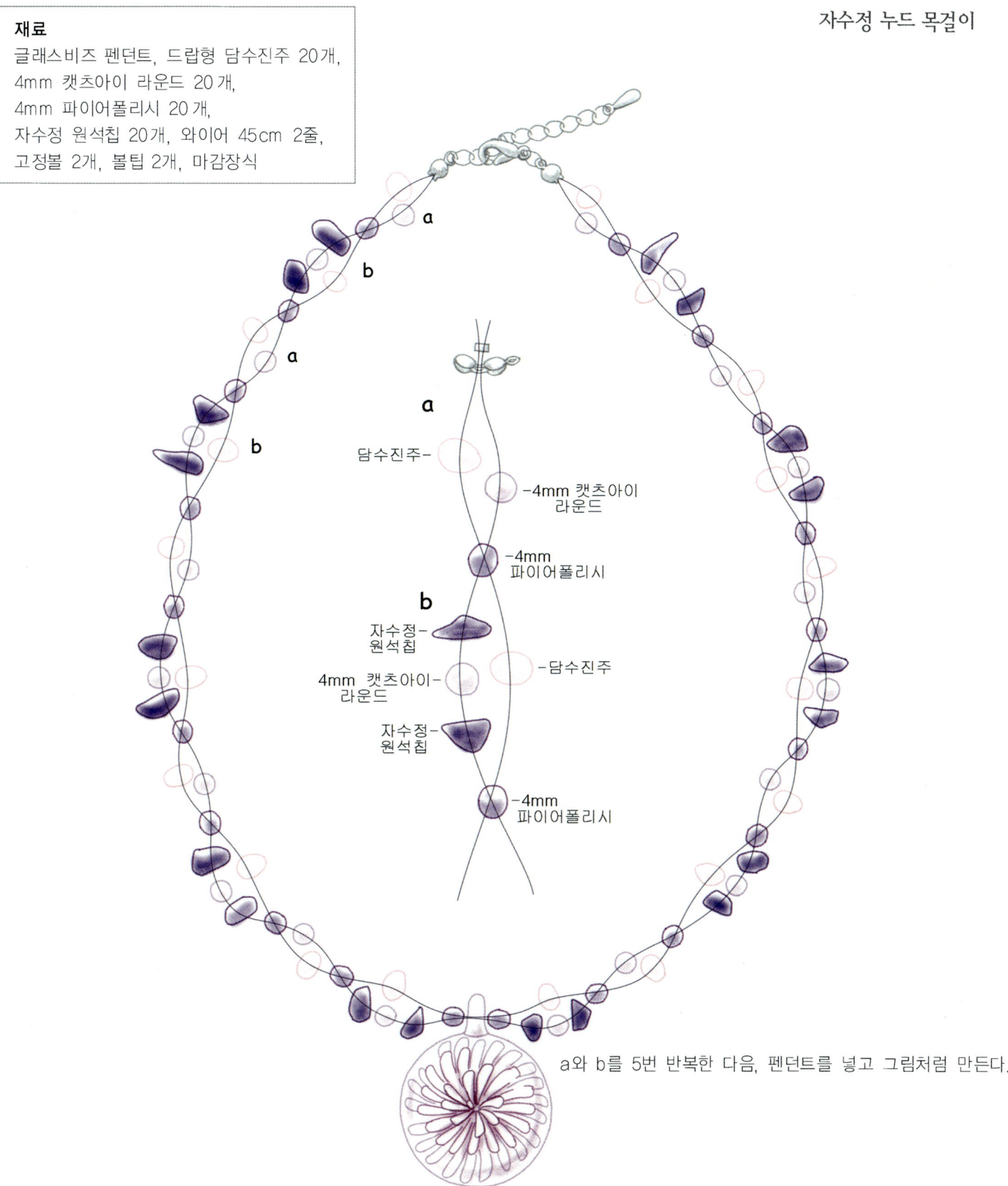

보색대비가 주는 화려한 생동감

칠보 타원형 목걸이

재료 : 12mm 칠보, 4mm 주판알 라이트 사이암Sa 4개, 몬타나Sa 6개, 3mm 주판알 몬타나Sa 20개, 4mm 파이어폴리쉬 10개, 씨드비즈 272개, 와이어 42cm, 마감장식, 3호 낚시줄

칠보 타원형 목걸이

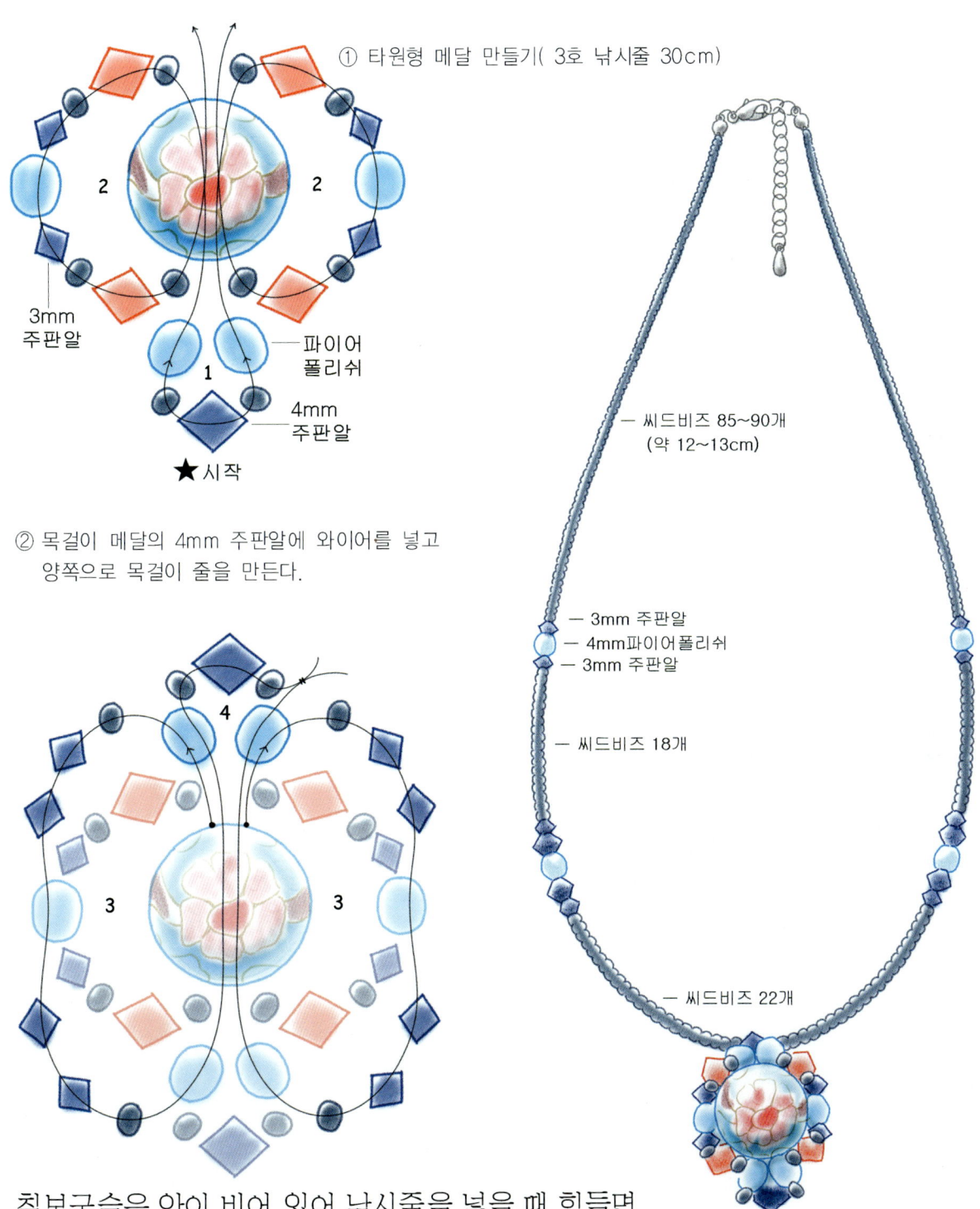

① 타원형 메달 만들기 (3호 낚시줄 30cm)

― 3mm 주판알
― 파이어폴리쉬
― 4mm 주판알
★ 시작

② 목걸이 메달의 4mm 주판알에 와이어를 넣고 양쪽으로 목걸이 줄을 만든다.

― 씨드비즈 85~90개 (약 12~13cm)
― 3mm 주판알
― 4mm 파이어폴리쉬
― 3mm 주판알
― 씨드비즈 18개
― 씨드비즈 22개

칠보구슬은 안이 비어 있어 낚시줄을 넣을 때 힘들면 와이어를 바늘처럼 이용하면 편리합니다.

체인 가운데서 달랑이는 사랑스러움
30구 체인 귀걸이

30구 체인 귀걸이

재료
3mm 주판알 60개, 마디체인 4마디 반 2개,
은낚시 1쌍, 2호 낚시줄 40cm 2줄

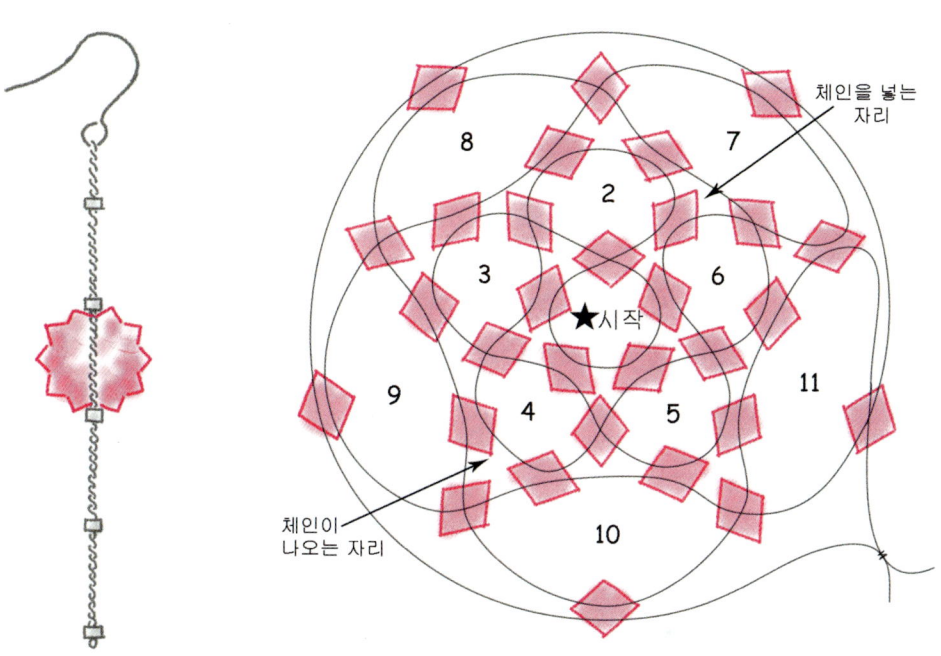

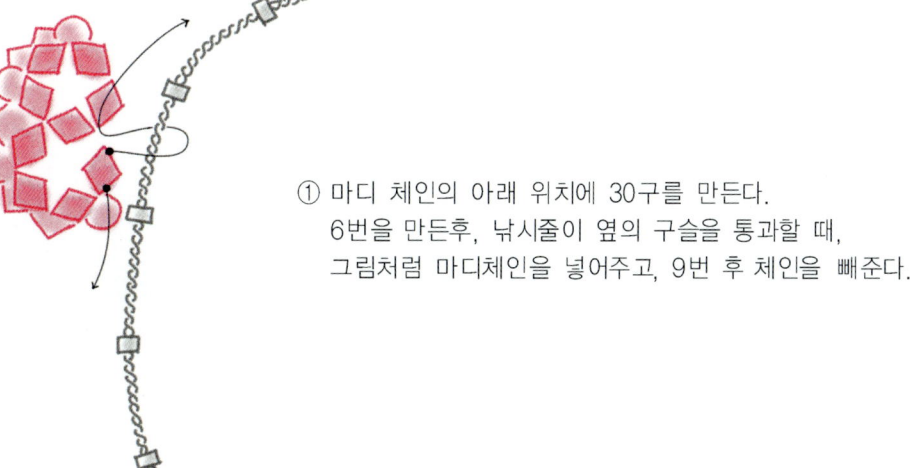

① 마디 체인의 아래 위치에 30구를 만든다.
6번을 만든후, 낚시줄이 옆의 구슬을 통과할 때,
그림처럼 마디체인을 넣어주고, 9번 후 체인을 빼준다.

진주의 청아함이 돋보이는

진주 리본 팔찌

진주 리본 팔찌

재료
10mm 진주 1개, 4mm 화이트오팔ab 2X 54~60개,
씨드비즈 메탈릭 은색 106~120개, 고정볼 2개,
볼팁 2개, O링 2개, 토글바, 3호 낚시줄

① 팔찌중심 만들기. (3호 낚시줄 40cm)

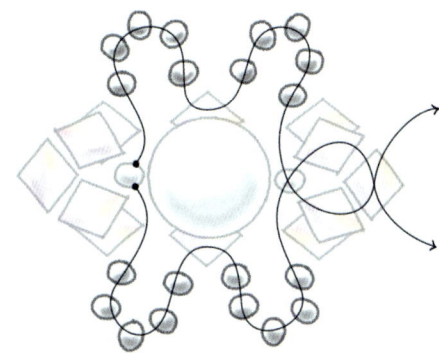

② 팔찌중심에 이어 그림처럼 팔찌줄을 만들고 볼팁과 고정볼로 마무리한다.
새로운 낚시줄 30cm로 반대쪽 팔찌줄도 만든 다음, O링으로 토글바를 연결한다.

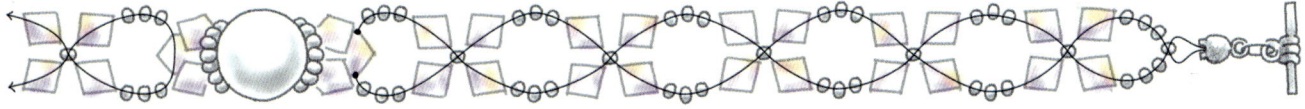

고급스러운 색감

카키 글래스비즈 꽃 목걸이

카키 글래스비즈 꽃 목걸이

① 주판알로 꽃의 중심을 만든다.(3호 20cm)
② 5cm T핀으로 그림처럼 글래스 비즈와 꽃중심을 연결하고
   주판알 2개는 T핀 작업하여 연결하고 커넥트에 걸어준다.
③ 와이어 2줄로 목걸이줄을 완성한다.

재료
10×15 카키글래스 비즈 4개,
4mm 주판알 버간디 10개,
씨드비즈 2개, 3mm막대비드 약 240개,
5cm T핀 2개, 3cm T핀 2개, 커넥트,
40cm 와이어 2줄, 볼팁 2개,
고정볼 2개, 마감장식, 3호 낚시줄

www.beadsmap.com 71

신비로운 보랏빛 향기

컬러 꽃팔찌

재료 : 4mm 주판알 아미시스트 2X 38개, 라이트 아미시스트 2X 28개, 라이트 올리바인 28개, 4mm 금도금 크리스탈 AB 큐빅 7개, 4mm 진주 모브 3개, 크림로즈 1개, 3mm 진주 모브 2개, 씨드비즈 약 30개, 마감장식, 3호 낚시줄

컬러 꽃팔찌

① 낚시줄의 중심에 씨드비즈로 고리를 만들어 시작한다.(3호 낚시줄 100cm)
② 36번 후 낚시줄을 묶어 마무리한 다음, 마감장식을 연결하여 완성한다.

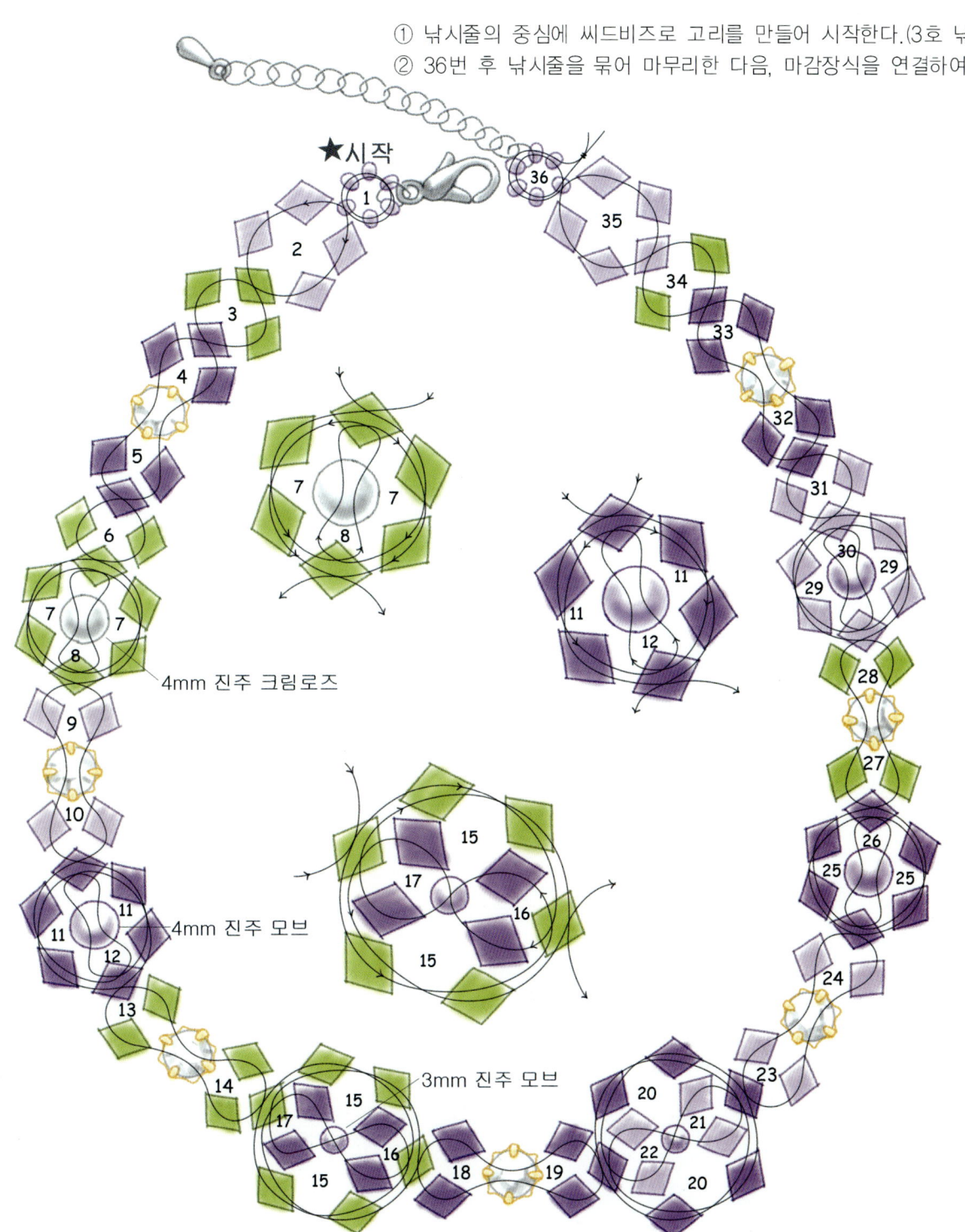

③ 씨드 30구와 씨드고리로 마무리하고 싶을 때는, 2번에서 시작하고 35번에서 마무리 한 다음, 씨드비즈로 30구를 만들어(3호 낚시줄 30cm) 한쪽에 달아주고, 반대쪽 끝에 그에 맞는 씨드고리를 만들어준다.(3호 30cm)

은은하게 화려한
진주 거울 핸드폰줄

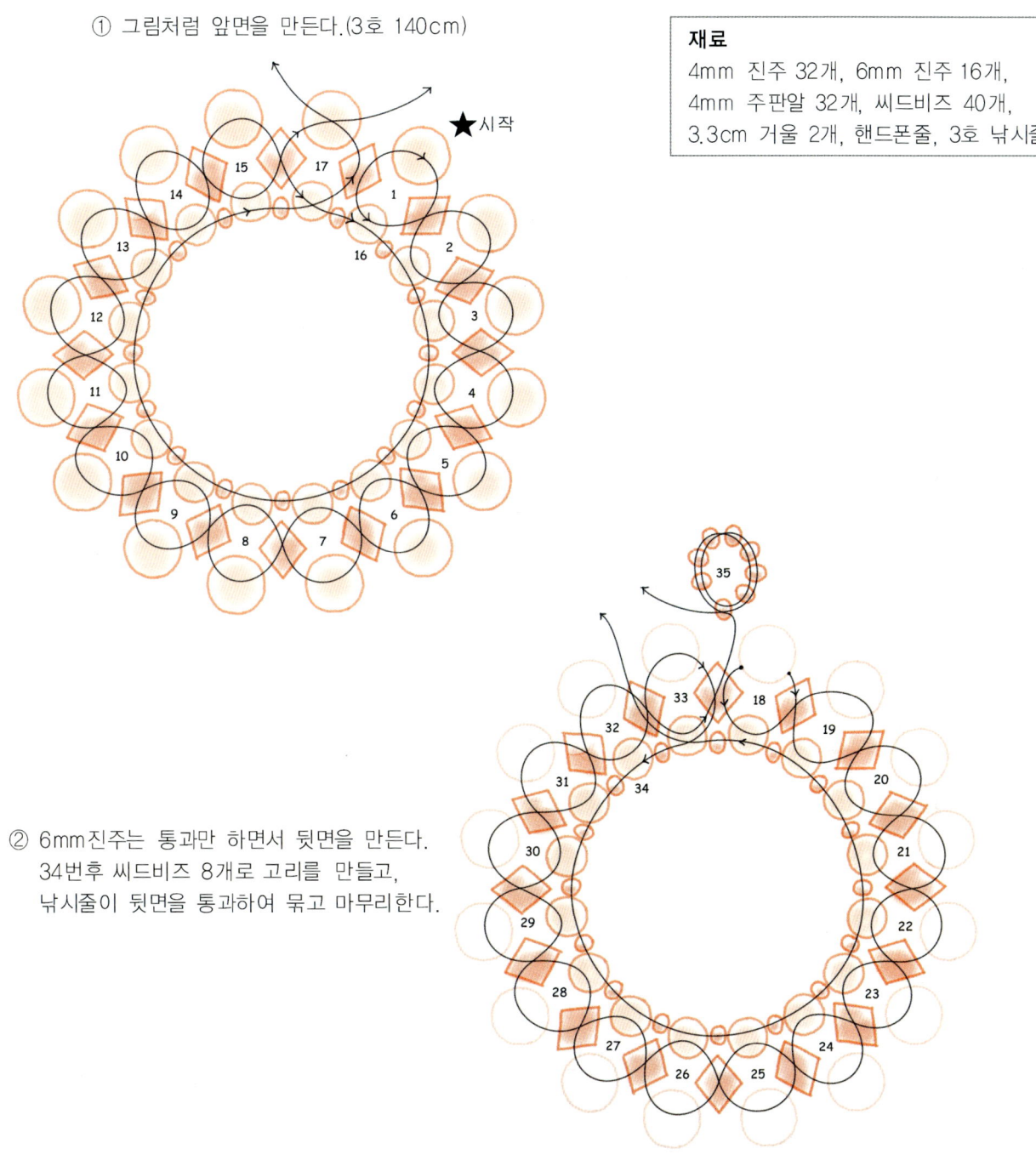

연필에 포인트를 주는
꽃 연필 장식

꽃 연필 장식

재료
4mm 주판알 에메랄드 8개, 페리도트 8개, 연필꽂이, 3호 낚시줄 40cm

① 꽃 만들기 (3호 낚시줄 40cm)

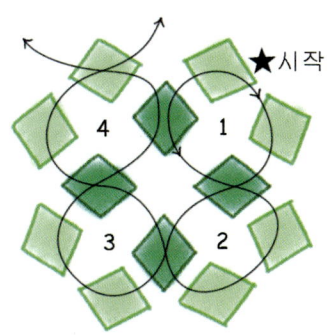

② 바깥쪽은 통과만 하고, 가운데 주판알만 새로 넣어 만든다.

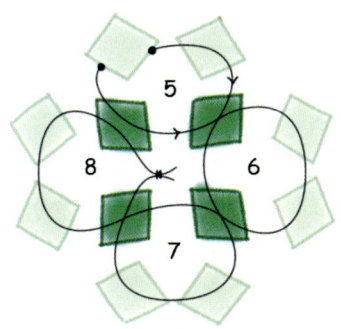

③ 8번까지 만든 후, 묶고 남은 낚시줄로 연필꽂이에 교차하여 묶고 마무리한다.

씨드로 링을 만들어 어린이 반지로 만들어도 예쁘답니다.

레드 호안석이 주는 묵직한 멋

호안석 입체꽃 목걸이

재료 : 4mm 주판알 아미Sa 6개, 6mm 주판알 아미Sa 10개, 6mm 호안석 16개, 8mm호안석 4개, 10mm 호안석 1개, 씨드비즈 230개, 오링 1개, 9핀 3개, T핀 3개, 와이어 40cm, 마감장식, 3호 낚싯줄.

호안석 입체꽃 목걸이

① 6mm 주판알과 6mm 호안석으로 입체꽃의 앞면을 만든다(3호 낚싯줄 60cm)

② 뒷면을 만든다.

③ 40cm 와이어에 그림처럼 목걸이줄을 완성하고 9핀 T핀 작업한 구슬을 연결한다.

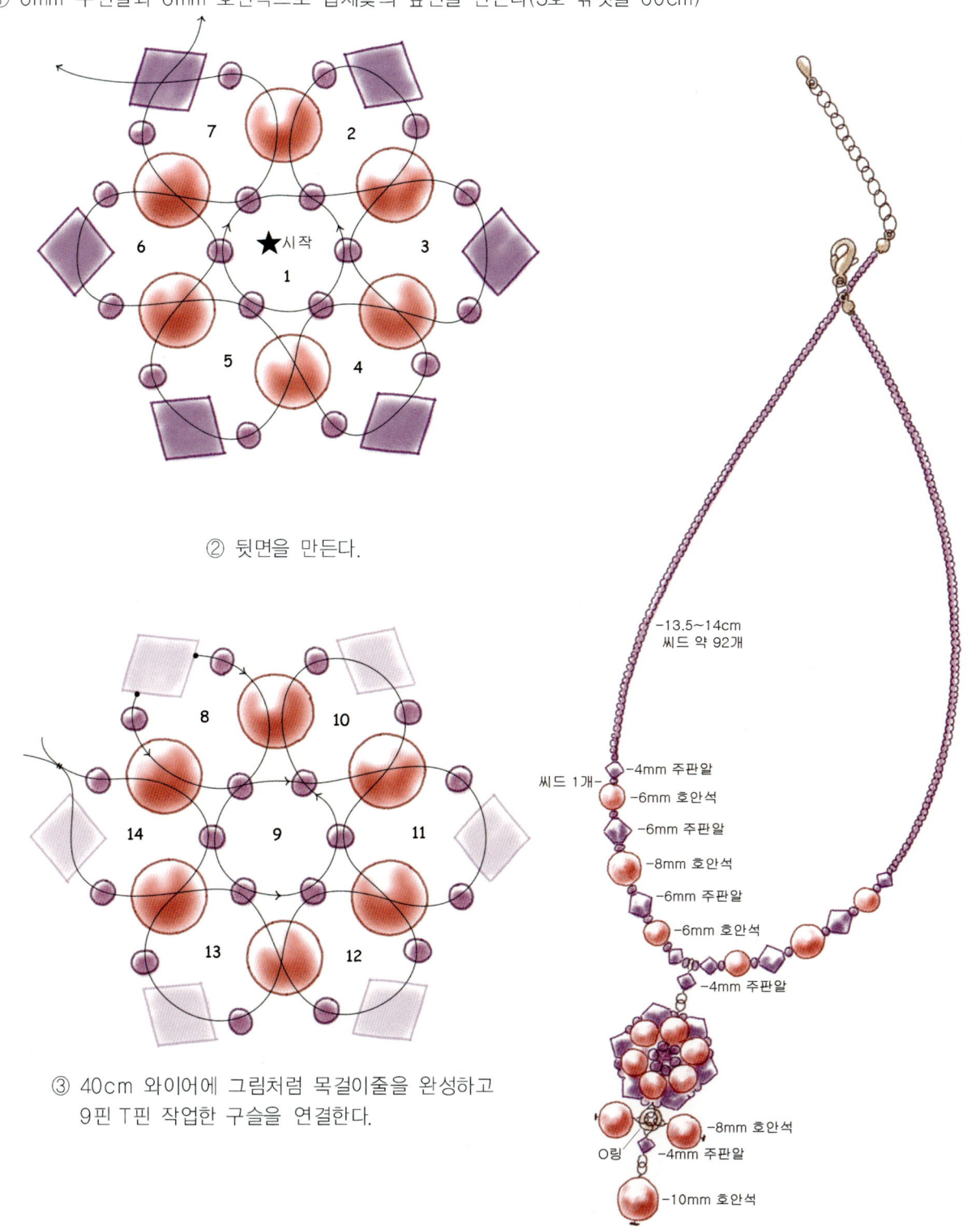

너무 사랑스러운 느낌
분홍 캣츠아이 시계

분홍 캣츠아이 시계

재료
시계알, 마감장식, 4mm 파이어폴리시 분홍 52개,
4mm 캣츠아이 진분홍 축구볼 40개,
연분홍 라운드 8개, 은색 씨드 72개, 3호 낚시줄

① 시계줄의 아랫단 만들기. (3호 낚시줄 70cm)
   4mm 파이어폴리시로 시계줄의 아랫단을 만든다.

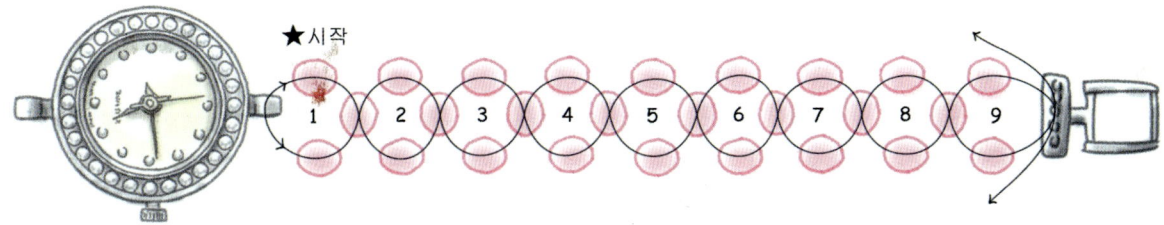

② 꽃 올리기
   아랫단의 가운데 파이어폴리시를 낚시줄로 통과해 가며 꽃을 올린다.

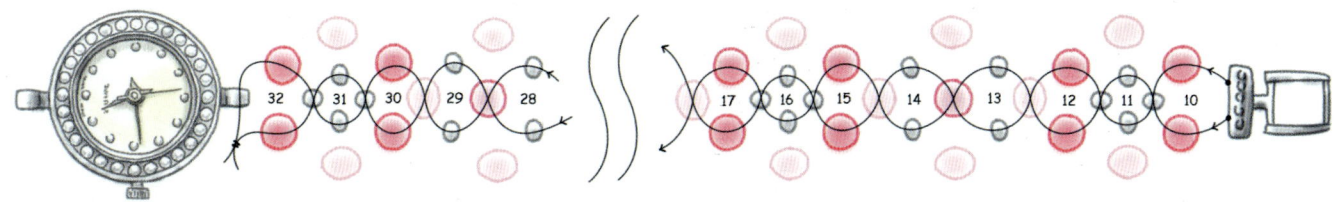

불투명 구슬이 주는 또 다른 느낌

이색 띠반지

이색 띠반지

재료
4mm 파이어폴리시 28개,
3mm 스왈롭스키 진주 42개,
씨드비즈 49개, 3호 낚시줄 70cm

① 7번을 만든 다음 처음의 씨드비즈에서 교차한다.

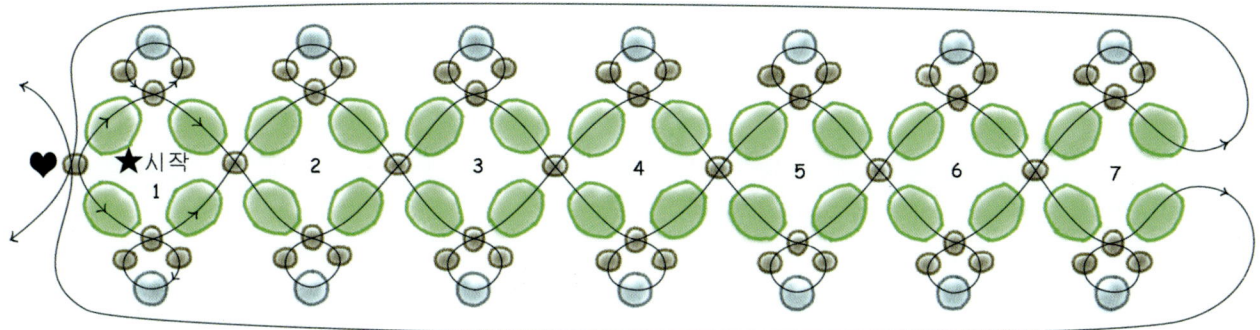

② 바깥쪽 진주 사이에 새로운 진주 2개씩을 넣으며 통과한 다음, 낚시줄을 적당이 돌려 묶고 마무리한다.

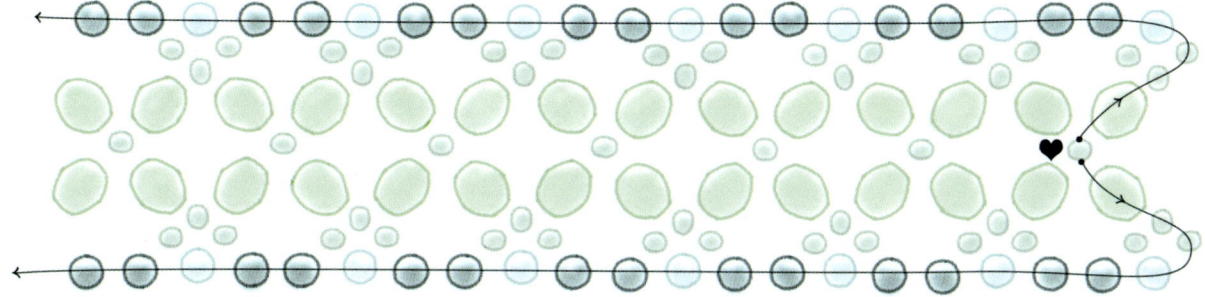

www.beadsmap.com

깨끗한 고급스러움
진주 불꽃시계

진주 불꽃시계

재료
시계, 잠금장식, 4mm 진주 크림로즈 10개, 4mm 주판알 화이트오팔ab 2X 48개, 씨드비즈 140개, 3호 낚시줄

시계 길이: 17cm (잠금장식 포함)

① 시계줄의 아랫단 만들기 (3호 낚시줄 70cm)

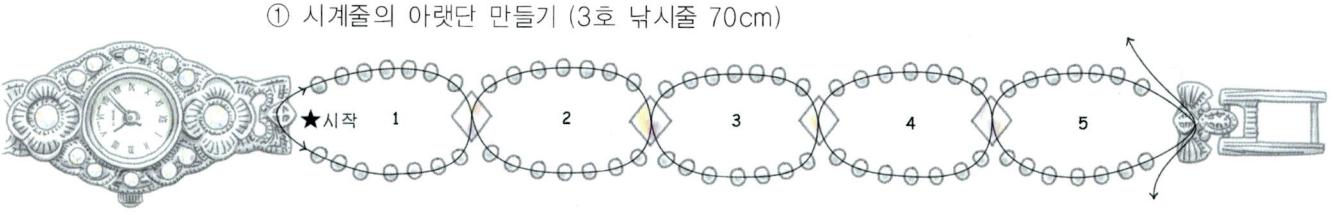

② 꽃 올리기
아랫단의 가운데 주판알을 낚시줄로 통과해 가며 꽃을 올린다.

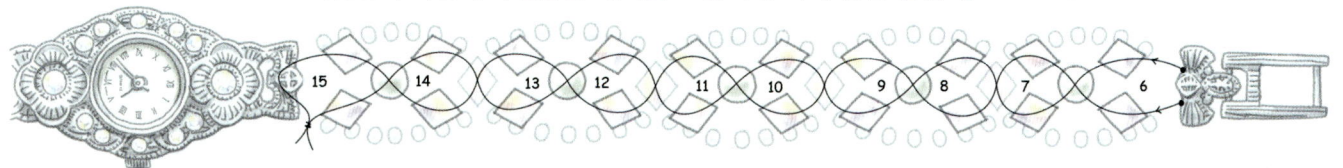

시계의 아랫단에 씨드비즈를 깔아 착용 느낌도 좋답니다.

눈꽃같은 느낌의

큰링 꽃귀걸이

큰링 꽃귀걸이

재료
4mm 주판알 20개, 3mm 주판알 2개,
4mm 큐빅 2개, 메탈 꽃판 2개,
4cm 링 2개, 9핀 2개, T핀 10개,
귀걸이 낚시고리, 3호 낚시줄

① 메탈 꽃판에 30cm 낚시줄을 걸고 4mm 주판알로 꾸며준다.

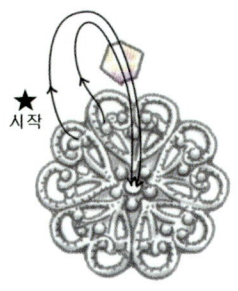 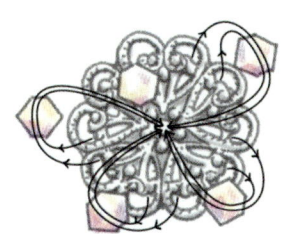

② a위치에서 낚시줄이 나와 큐빅을 넣고 b위치로 넣은 다음 뒷면에서 묶어준다.

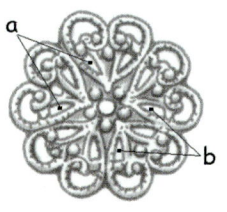

③ 9핀, T핀 작업하여 그림처럼 연결한다.

- 3mm 주판알

한복에도 잘 어울리는
앤틱 진주 반지

앤틱 사각 반지

재료
6mm 앤틱큐브 8개, 6mm 진주 8개,
은색 메탈릭 씨드비즈 12개,
회색 씨드비즈 약 125개, 3호 낚시줄

① 반지 중심 만들기 (3호 낚시줄 80cm)

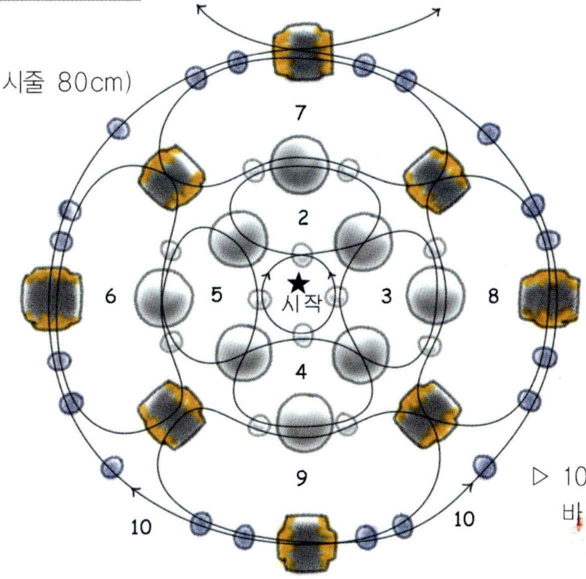

▷ 10번 : 9번에서 교차한 다음,
바깥쪽에 씨드비즈를 넣으며 한바퀴 돌려준다.

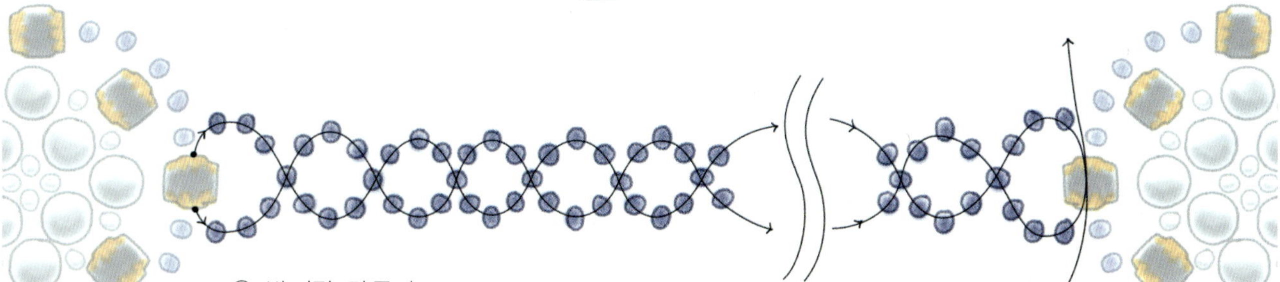

② 반지링 만들기
손가락 사이즈에 맞게 9-11번 만들고 반지중심의 반대쪽에서 교차한다.

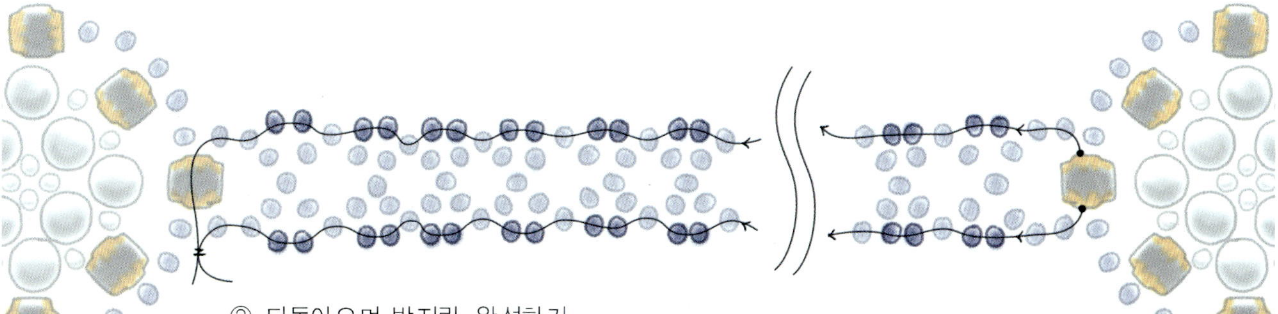

③ 되돌아오며 반지링 완성하기
바깥쪽에 씨드비즈 2개씩을 넣으며 되돌아와 묶고 마무리한다.

www.beadsmap.com

앤틱 사각 핸드폰줄

비즈공예인을 위한 지침서
Beads Map

Part 3

정성어린, 섬세한 아름다움

무언가에 몰입하는 순간의 기쁨은 삶의 큰 희열이다. 섬세한 손끝에 마음을 모으다 보면
주위의 모든 것들이 숨죽이며 침묵으로 가라앉는 순간, 그 순간은 온전히 나만의 비밀스런 설렘으로 남는다.
Part 3에서는 섬세하게 엮어 정교한 디자인들을 모아보았다.

정성을 담은 선물
진주 액자

재료: 4mm 중국산 크리스탈 진주 2,364개, 극소 씨드비즈 120개, 14.5×19.4cm 아크릴판 1개, 14.5×19.4 두꺼운 종이, 4호 낚시줄, 3호 낚시줄

진주 액자

낚시줄은 편한 길이로 잘라 이어가며 만든다.

스톤과 드랍, 크리스탈이 주는 화려한 느낌

드랍 스톤 목걸이

재료
10mm스톤 1개, 4mm 에메랄드Sa 7개, 3mm 에메랄드Sa 14개, 씨드비즈 진보라 78개, 진초록 108개, 13*6.5 드랍 9개, 1.6cm 벌집, 뒷판, 체인 약 38cm, O링 13개, T핀 5개, 마감장식, 3호 낚싯줄

드랍 스톤 목걸이

1. **스톤 붙이기** : 스톤을 거꾸로 놓고 벌집도 뒤집어 올린후 그림의 회색 부분에 접착제를 한방울 떨어뜨린다. 접착제가 완전히 마른후, 벌집의 안쪽에서 낚시줄을 묶고, 긴 낚싯줄을 벌집의 위로 올려 시드비즈를 넣는다.

2. **벌집 꾸미기** (3호 70cm)
   ① 벌집의 1단 : 씨드비즈 5개 씩 넣어 10번 반복
   ② 벌집 2단 : 7번 반복. 한 번은 두 칸씩 건너뛰어 준다.
   ③ 벌집 3단 : 씨드비즈 9개씩 12번 만든 후, 처음의 낚시줄과 묶어준다.

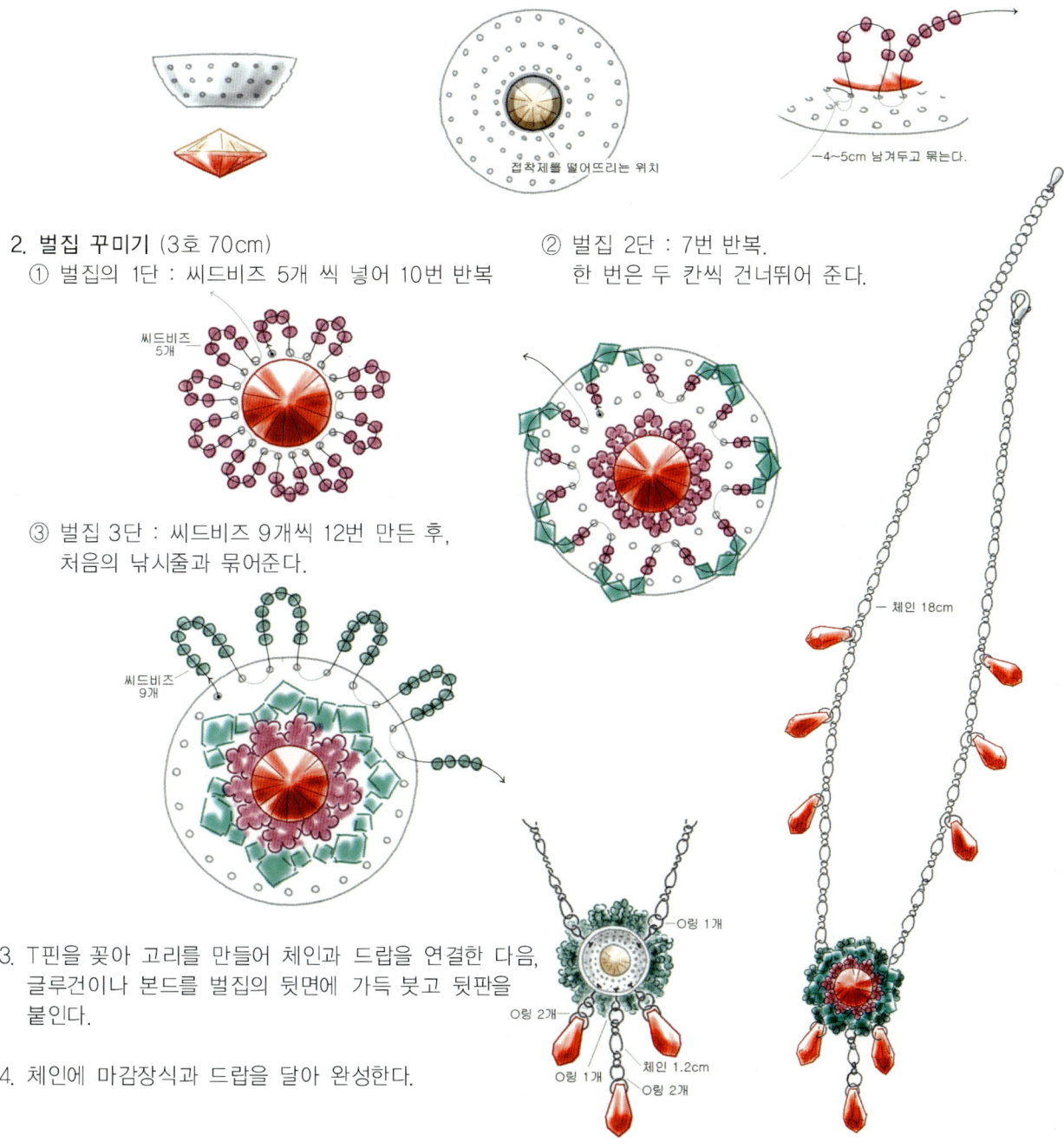

3. T핀을 꽂아 고리를 만들어 체인과 드랍을 연결한 다음, 글루건이나 본드를 벌집의 뒷면에 가득 붓고 뒷판을 붙인다.

4. 체인에 마감장식과 드랍을 달아 완성한다.

정교한 고급스러움을 주는
타원램프 반지

재료
14mm 타원 램프비드, 4mm 에메랄드Sa 12개,
극소씨드 브론즈 96개, 3mm 막대비드 40~50개,
낚싯줄 2호, 3호

타원램프 반지

① 12단 뜨기(2호 60cm)

② 안쪽에 씨드를 하나씩 채워가며 한바퀴 돌린 다음, 타원램프비즈를 넣는다.

③ 반지의 뒷면 만들기

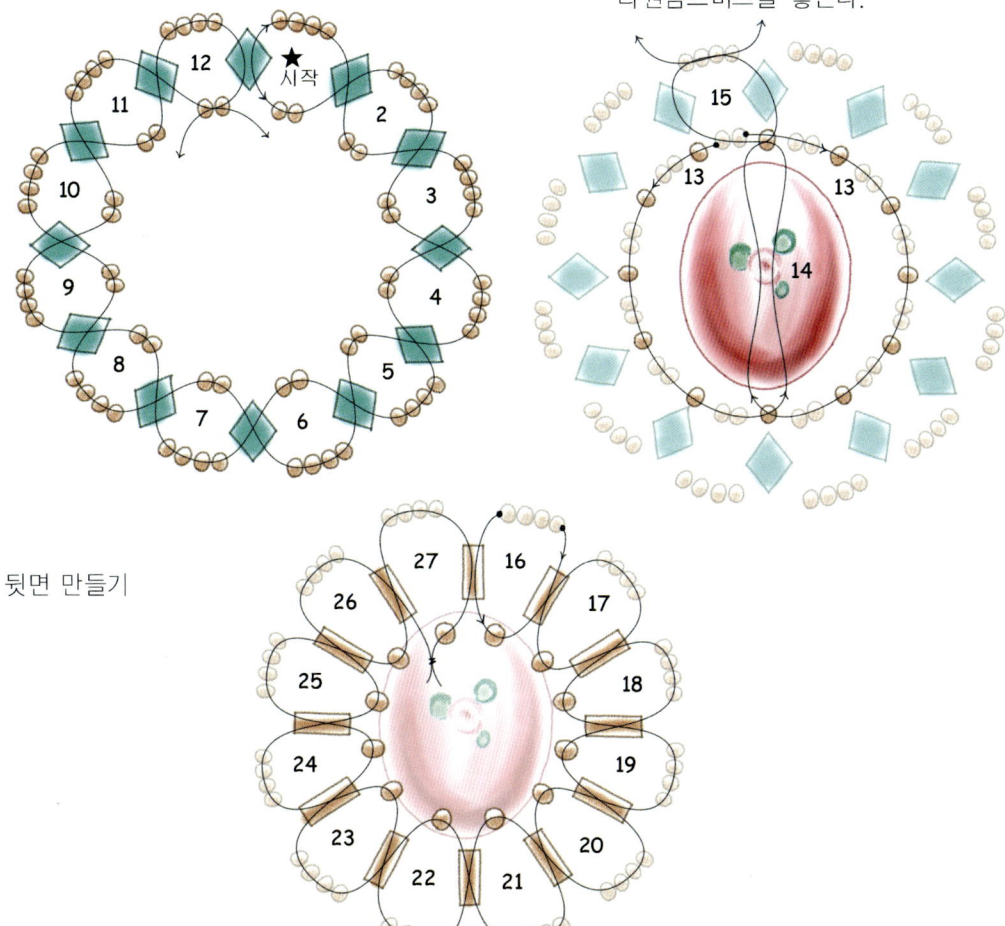

④ 반지링 만들기(3호 60cm)
씨드 4개에 낚싯줄을 걸고 막대비드로 반지링을 만든다.
자신의 손가락 사이즈에 맞는 길이로 만든 다음, 반지중심의 반대쪽에 연결하여 완성한다.

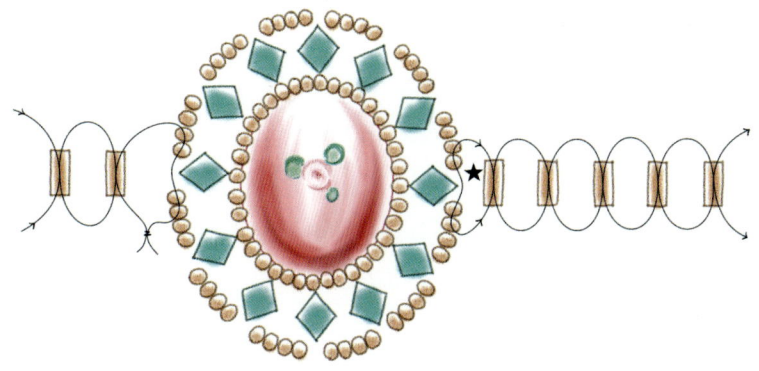

www.beadsmap.com 97

커플끼리 나누어요
커플반지

커플반지

1. 반지중심 만들기(2호 낚시줄 60cm)
   ① 씨드비즈와 4mm 주판알로 시작.

② 6번은 낚시줄로 통과만 해주고 7번부터 씨드와 6mm 주판알을 넣는다.

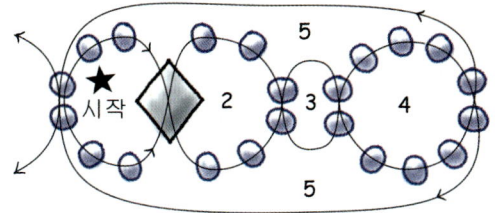
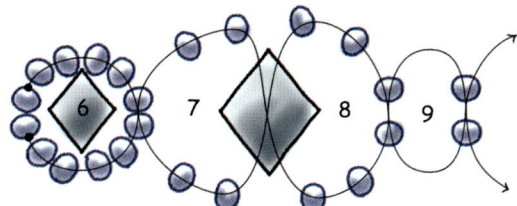

③ 9번까지 만든 다음 뒤집어 씨드 3개씩을 넣고 교차한다.

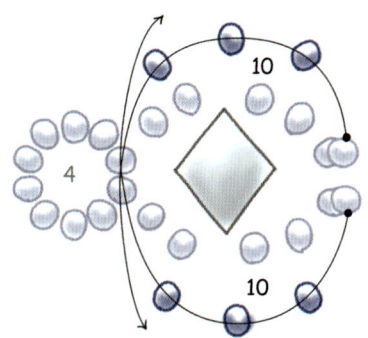

④ 10번 후 다시 뒤집어 이미 만들어진 앞면의 씨드 2개에서 교차한 후 그림처럼 통과해 준다.

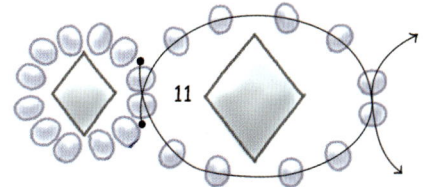

⑤ 세 번째 마디를 만들어 준다.

⑥ 14번 후 뒤집어 만든다.

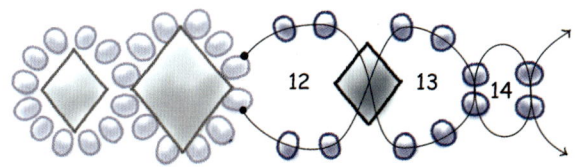

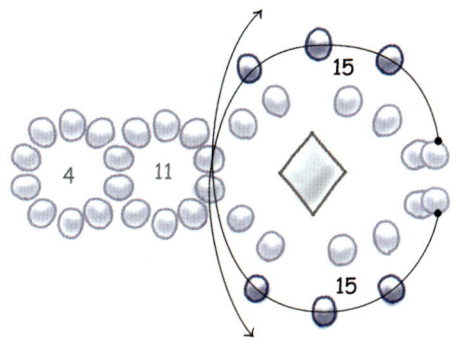

⑦ 다시 앞면으로 돌려 그림처럼 통과만 해준다.

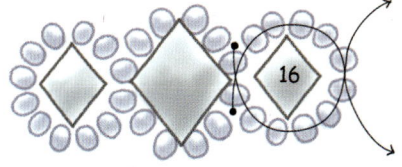

재료
6mm 주판알 1개, 4mm 주판알 2개,
씨드비즈 약 120개, 2호 낚시줄 60cm

2. 반지링 만들기
   16번 후 다시 뒷면으로 돌려 씨드비즈 2개에서 교차한 다음 반지링을 만든다.
   자신의 사이즈에 맞게 만든 다음 반대쪽 반지 중심에 연결하고 마무리한다.

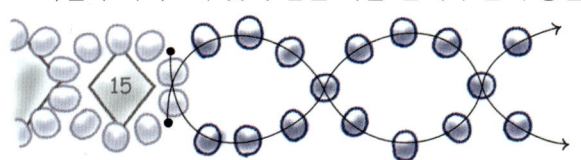

주판알 3개 모두 6mm로 만들면 남자용이 되어 커플링으로 사용하면 깔끔하답니다.

차에도, 책상위에도 사랑스럽게

키티 인형 장식

키티 인형 장식

재료
3mm 주판알 화이트 오팔 119개, 제트 2개,
로즈ab 2x 67개, 사이암 ab 4개,
씨드비즈 1개, 2호 낚싯줄, 스프링 장식

1. 키티 얼굴 만들기 (2호 130cm)

▷ 귀 만들기
  3번과 7번을 만든 다음 ♥위치에서
  귀를 만들어 준다.

▷ 32번, 33번 : 새로운 구슬을 한개 넣고
  기존의 구슬 3개를 통과한 다음,
  다시 새로넣은 구슬을 통과해 준다.

2. ① 몸 만들기
   빨간 하트 무늬가 얼굴쪽에 오도록 만든다.

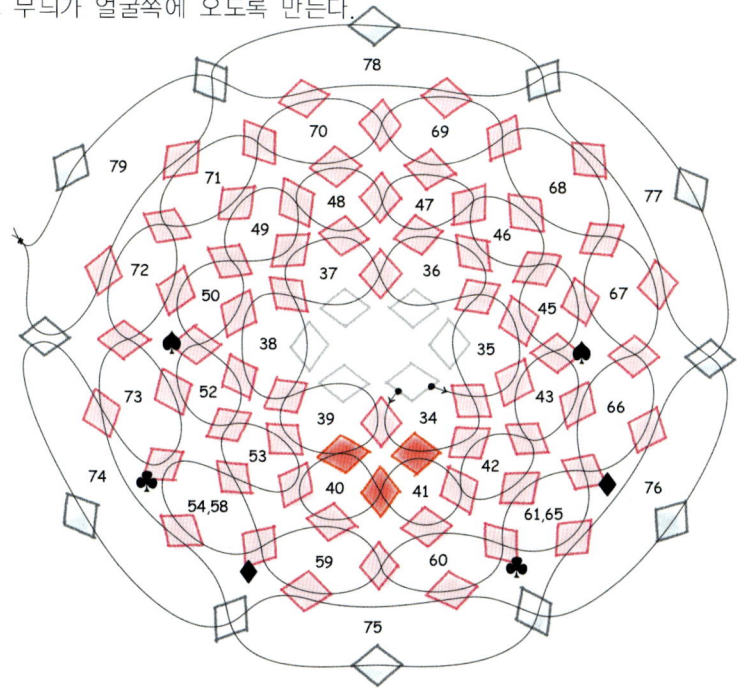

② 팔 만들기
  43번, 50번을 만든 다음 ▲위치에서
  팔을 만들어 준다.

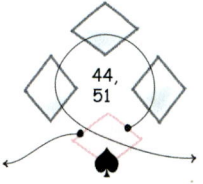

③ 다리 만들기
▷ 54번과 61번을 만든 다음, ♠위치에서
  아래 그림처럼 다리를 만들고
  다시 ♣위치로 돌아간다.
▷ 58, 65번 : 54, 61번을 통과해 지나간다.

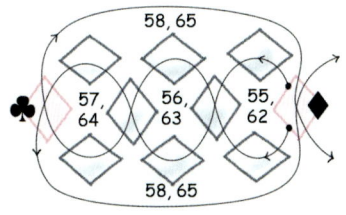

3. 코에 낚싯줄 2줄을 묶고 적당히 잘라 수염을 만들어준다.
4. 오링을 걸어 핸드폰줄과 연결하거나, 스프링 장식에 낚싯줄로 묶어준다.

www.beadsmap.com **101**

잔잔하면서도 고급스러운
사금석 꽃하트 목걸이

사금석 꽃하트 목걸이

1. 하트의 앞면 만들기 (3호 낚싯줄 80cm)

2. 하트의 뒷면 만들기
   15번을 만든 후, 테두리 부분은 공유하면서 안쪽을 채워나간다.

31번을 만든 다음, 낚싯줄을 만나도록 통과하여 묶고 마무리한다.

3. 오른쪽 그림처럼 목걸이줄을 만든다.

꽃하트 메달
4mm 사금석 축구볼 37개, 씨드비즈 84개,
3호 낚싯줄 80cm

목걸이 줄
사금석 4mm 축구볼 4개, 6mm 축구볼 6개,
3*3mm 큐브 10개, 3*5mm 튜브 12개,
9핀 32개, 오링 34개, 마감장식

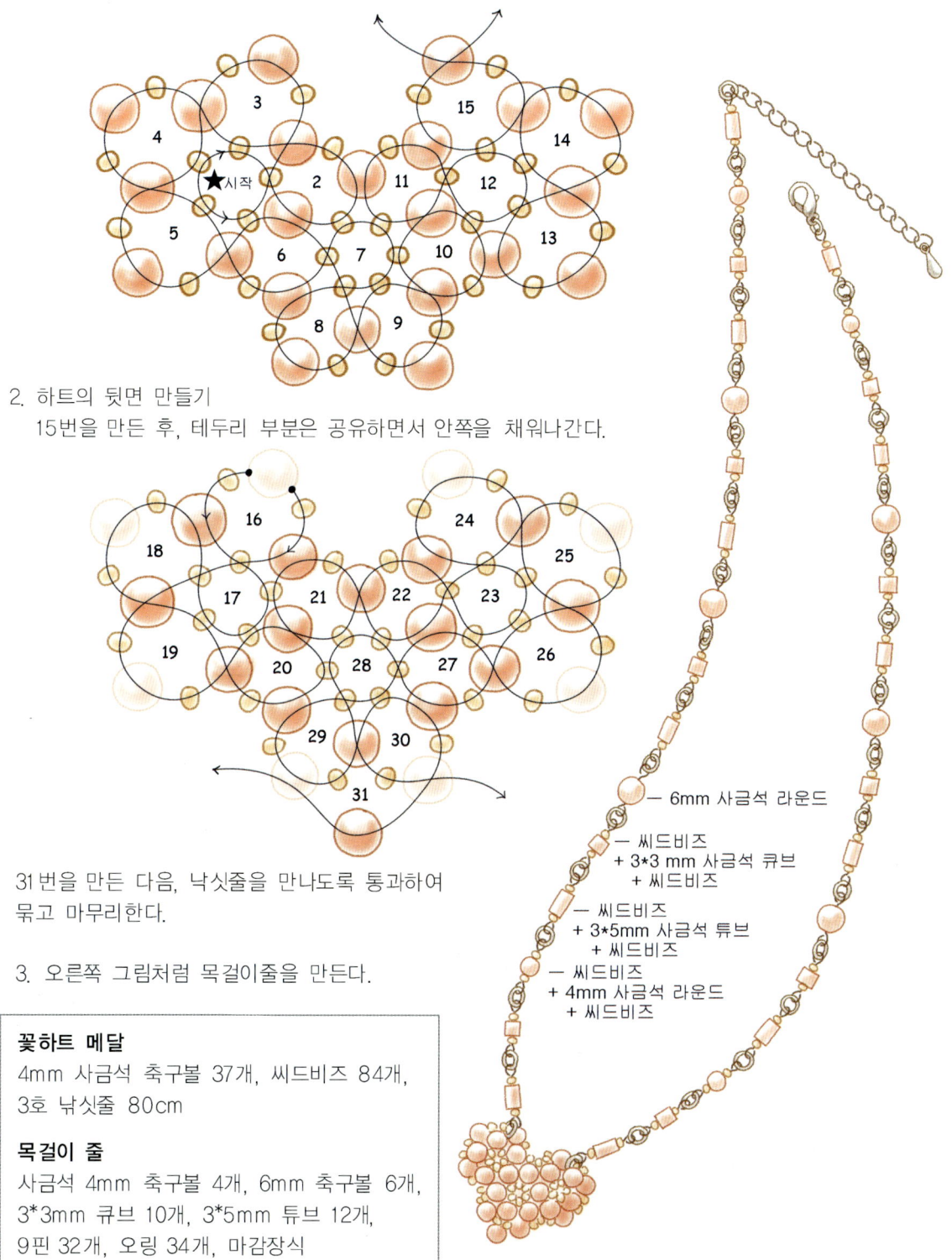

— 6mm 사금석 라운드
— 씨드비즈 + 3*3 mm 사금석 큐브 + 씨드비즈
— 씨드비즈 + 3*5mm 사금석 튜브 + 씨드비즈
— 씨드비즈 + 4mm 사금석 라운드 + 씨드비즈

니트위에 고급스럽게 어울리는
잠자리 볼륨메달 목걸이

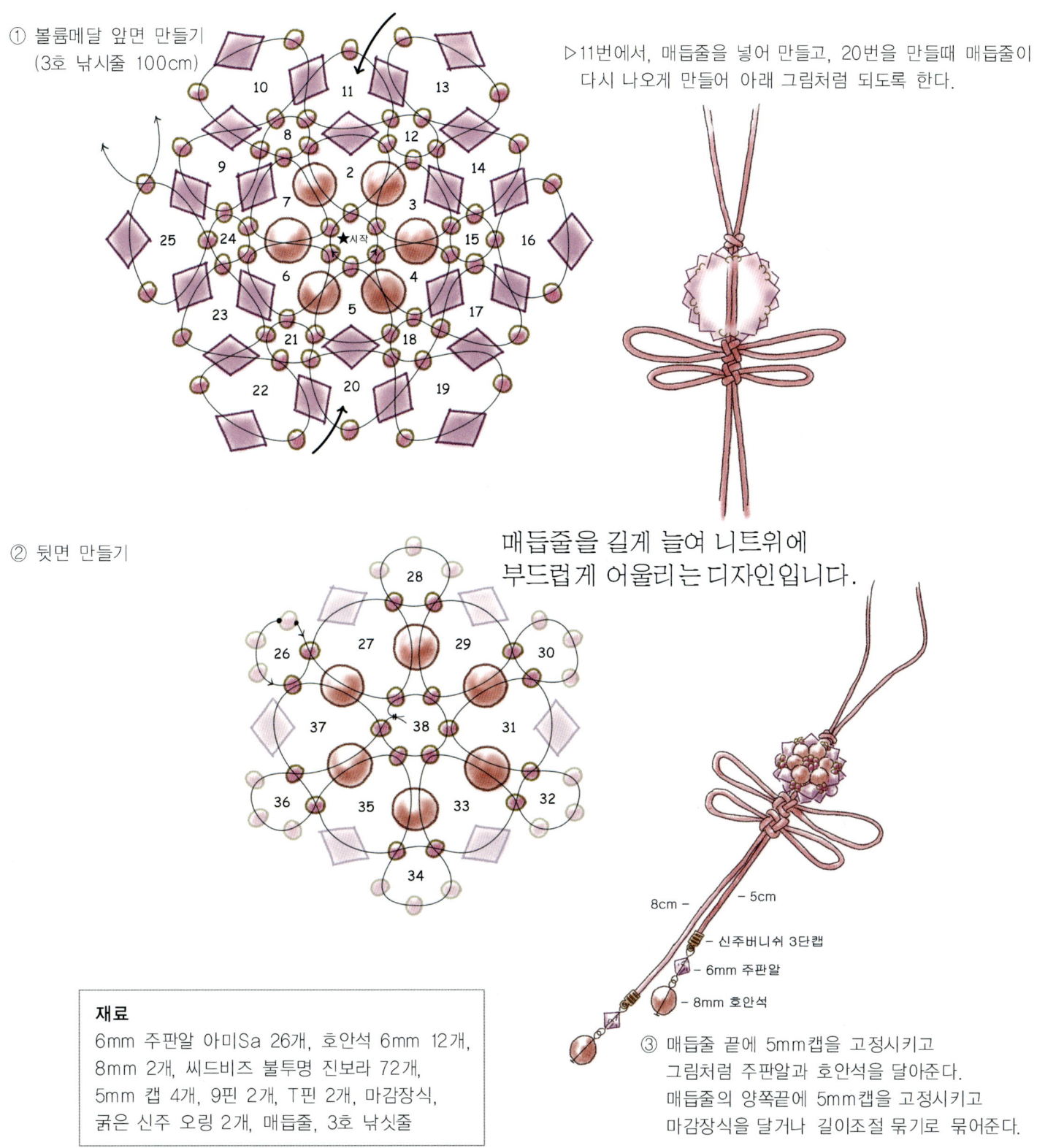

상큼한 딸기향

딸기 귀걸이

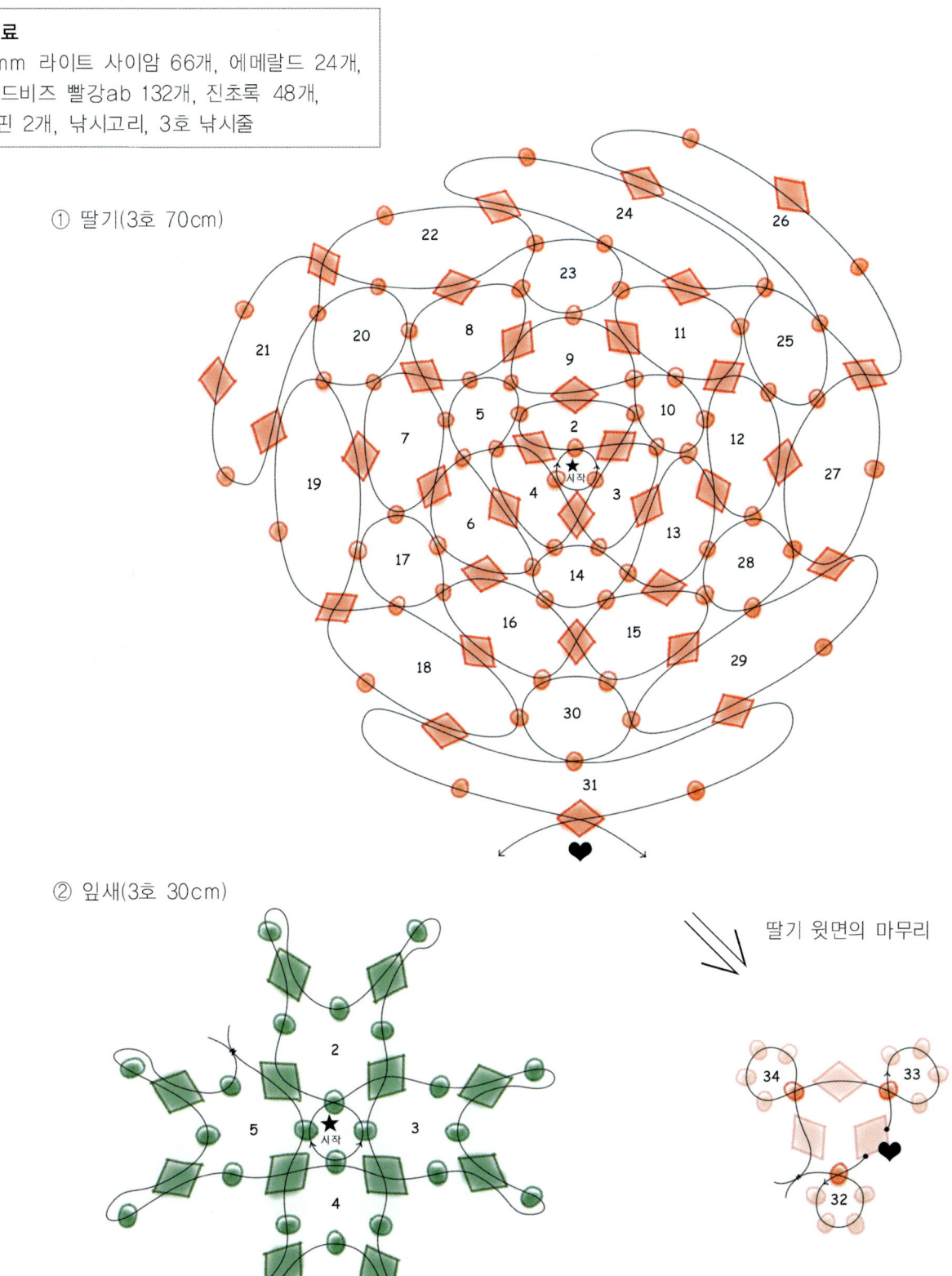

명품으로 꾸미는 내 핸드폰
샤넬 가방

샤넬 가방

재료
3mm 화이트 오팔ab 2X 141개, 도라도 2X, 53개, 오링 2개, 9핀 5개, 핸드폰줄, 2호 낚시줄

1. 앞면 만들기 (2호 낚시줄 140cm)

2. 아래쪽과 옆쪽은 앞면과 공유하면서 가운데 부분만 구슬을 새로 넣어 만들어준다.

3. 90번후 가방 위쪽을 씨드 2개로 이어준다. 새로운 낚싯줄 20cm로 반대쪽도 이어준다.

4. 씨드비즈에 오링을 걸고 그림처럼 9핀 작업한 주판알로 가방의 손잡이를 만든 다음 핸드폰줄을 걸어준다.

손가락에 살짝 묶은 포인트

리본 반지

리본 리본 반지

① 리본의 한쪽 만들기 (2호 낚싯줄 60cm)

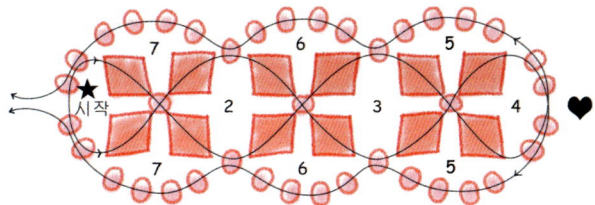

재료
4mm 주판알 24개, 4mm 축구볼 1개,
시드비즈 약 150개, 2호 낚시줄,
3호 낚시줄

② 축구볼을 통과하여 반대쪽 리본을 만들고 다시 축구볼을 통과한다.

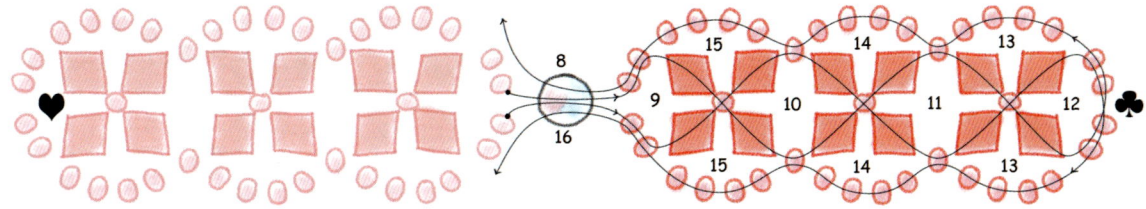

③ 1번에서 만든 부분을 반접어 리본모양으로 만든다.

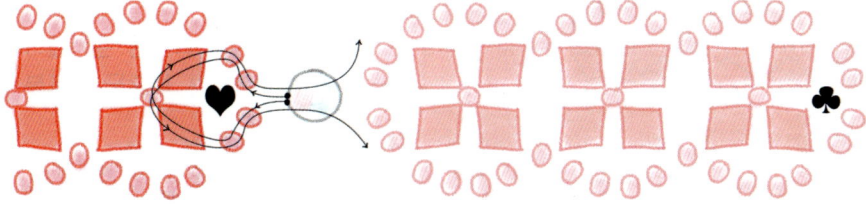

④ 축구볼을 통과한 다음 반대쪽도 리본모양으로 접어 이어주고 마무리한다.

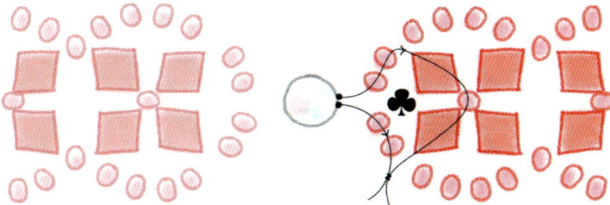

⑤ 3호 낚싯줄 40cm를 리본의 시드비즈에 걸어 반지링을 만든다.
자신의 사이즈에 맞게 링을 7~9개 만든다음, 반대쪽 같은 위치로 연결한다.

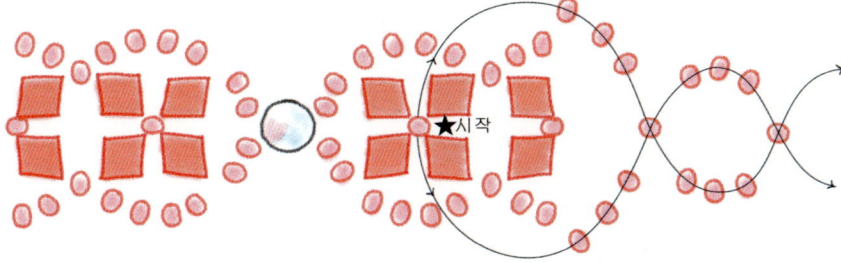

세가지 색들의 어우러짐
꽃사각 목걸이

꽃사각 목걸이

① 사각 밑판과 기둥 세우기 (2호 150cm)
▷ 시작부분에서 커넥트를 미리 넣고 만든다. (9번까지는 밑판, 10~25번은 기둥이 되어 3mm로 만든다.

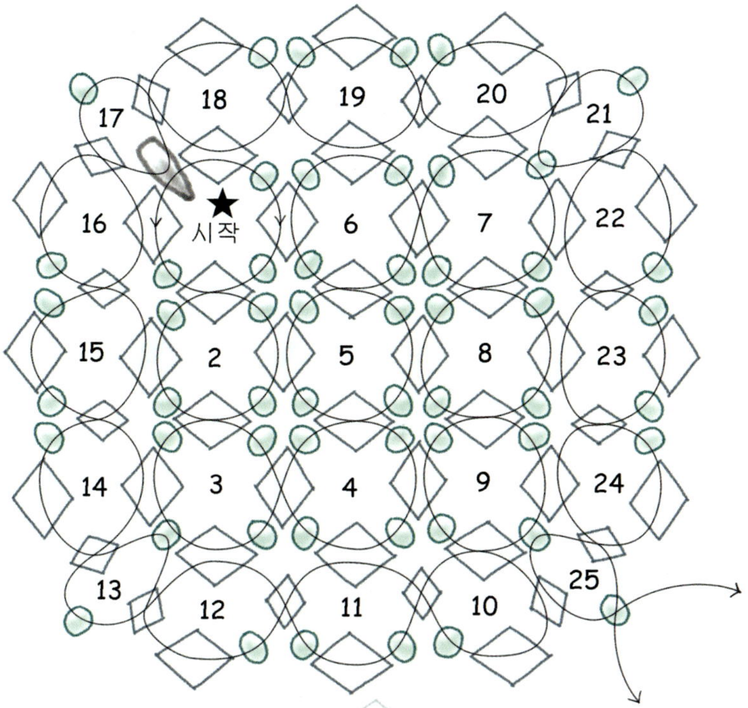

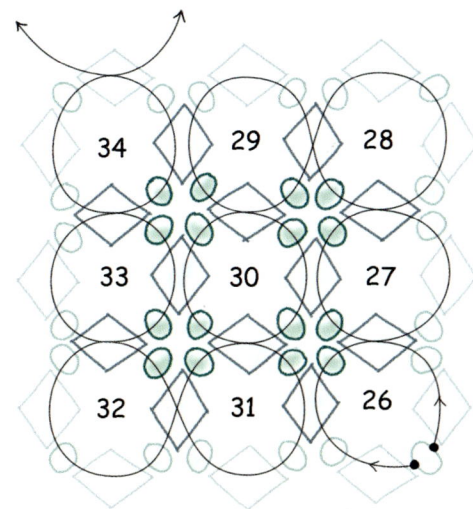

② 윗판을 메워준다.
▷ 기둥 부분은 통과만하고
   안 쪽만 새로 넣는 구슬.

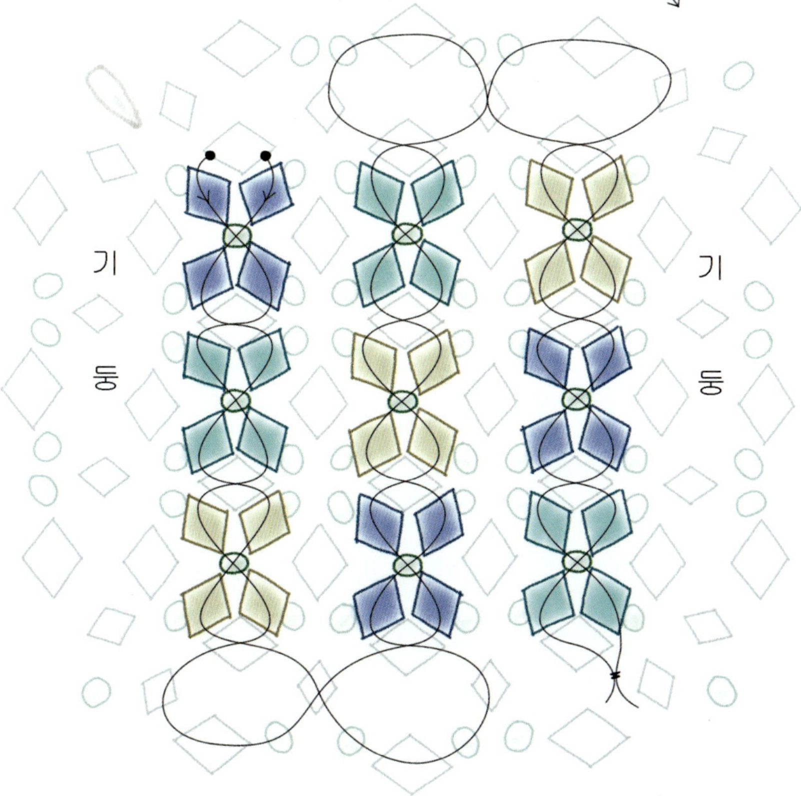

③ 윗판에 꽃 올리기.
▷ 윗판의 주판알을 통과해 가면서 꽃을 올린다.
   꽃을 한줄 만든다음 옆면을 통과해서 다음
   꽃을 만들어준다.

④ 체인 연결하기
체인의 마감장식 부분은 커넥트에 들어가지
않으므로 체인 끝부분의 오링을 열어 잠금장식을
떼낸 뒤, 체인을 넣고 다시 연결한다.

재료
4mm 주판알 화이트오팔 48개, 존퀼Sa 12개,
페리도트Sa 12개, 사파이어Sa 12개,
3mm 주판알 화이트 오팔 16개, 펄회색 씨드비즈,
커넥트, 목걸이줄, 2호 낚시줄

기품 있는 아름다움
노리개

노리개

재료
4mm 주판알 72개, 씨드비즈 145개,
노리개 매듭, 3호 낚시줄 140cm

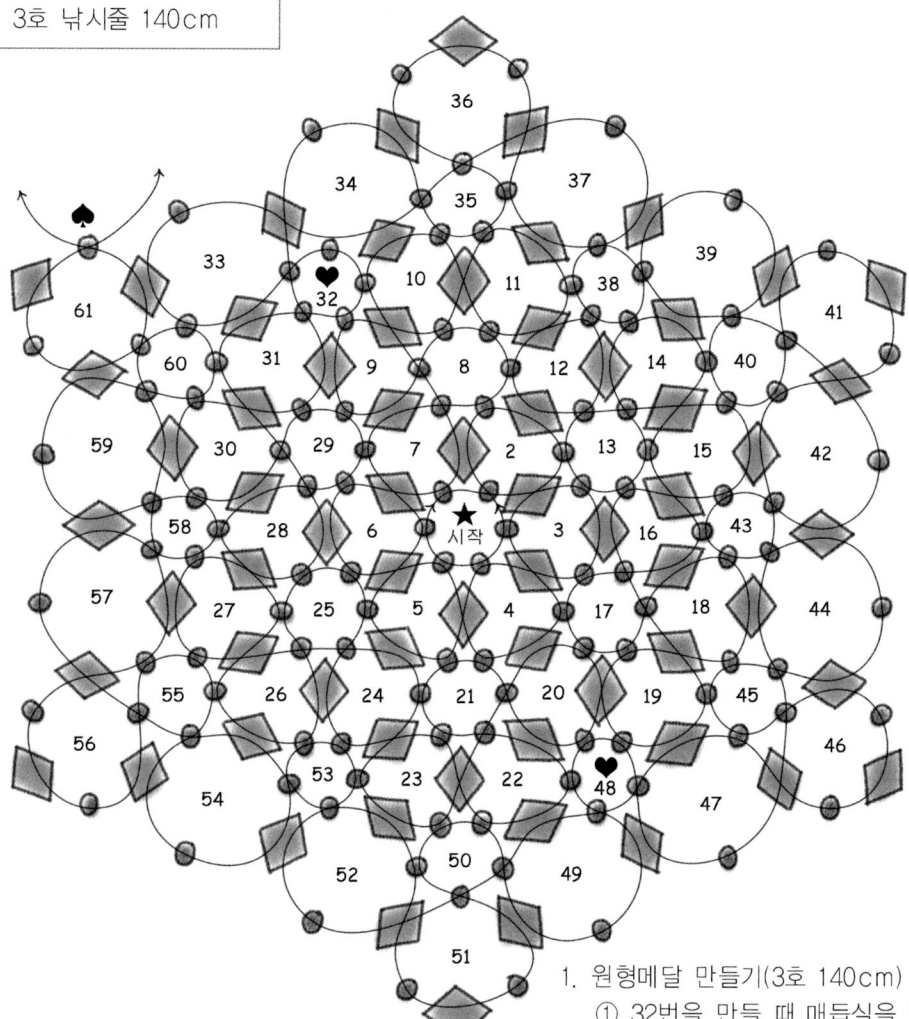

2. 61번 후 뒤로 돌린다.

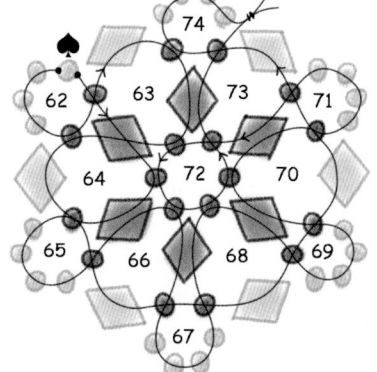

1. 원형메달 만들기(3호 140cm)
   ① 32번을 만들 때 매듭실을 넣어준 다음 씨드를 교차하고, 48번에서 매듭실을 꺼내준다.
   ② 32번부터 씨드가 5개가 됩니다.

3. 완성한 후 매듭수술 부분은 수증기에 쐬어 고르게 펴준다.

앤틱액자에 넣으면
인테리어 소품으로도 좋습니다.

재킷에 분위기를 주는
까메오 코사지

까메오 코사지

재료
주판알 도라도 2X 6mm 2개, 4mm 26개, 3mm 28개, 씨드비즈 밝은 브론즈 197개, 3mm 막대비드 브론즈 21개, 아크릴판 1개, 까메오 1개, 브로치핀 1개, 체인 8cm, 6cm, 3cm, O링 6개, T핀 4개, 9핀 9개, 낚시줄

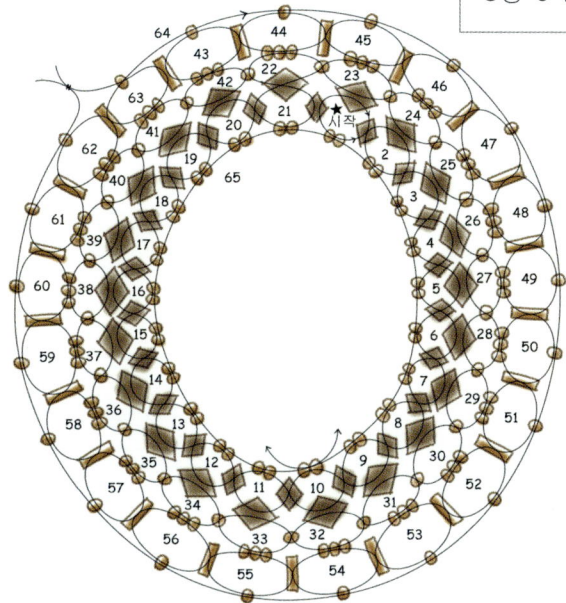

1. 아크릴판 싸기(3호 90cm)
   ① 1~21 : 앞면, 씨드비즈와 3mm, 4mm 주판알
   ② 22~42 : 옆면, 씨드비즈
   ③ 42~63 : 뒷면, 씨드비즈와 막대비드
   ④ 65 : 63번까지 만든 후 아크릴판을 넣고 낚시줄로 씨드비즈를 한바퀴 돌려 묶고 마무리한다.

2. 까메오 붙이기(3호 30cm)
   ① 65 : 까메오를 넣고 씨드비즈와 낚시줄로 한바퀴 돌려 까메오 사이즈에 맞게 당긴 후, 낚시줄을 뒤쪽으로 통과시켜 묶어준다. 아크릴판에 본드를 한방울 묻힌 후 까메오를 붙인다.

3. 옆면에 장식달기(3호 30cm)

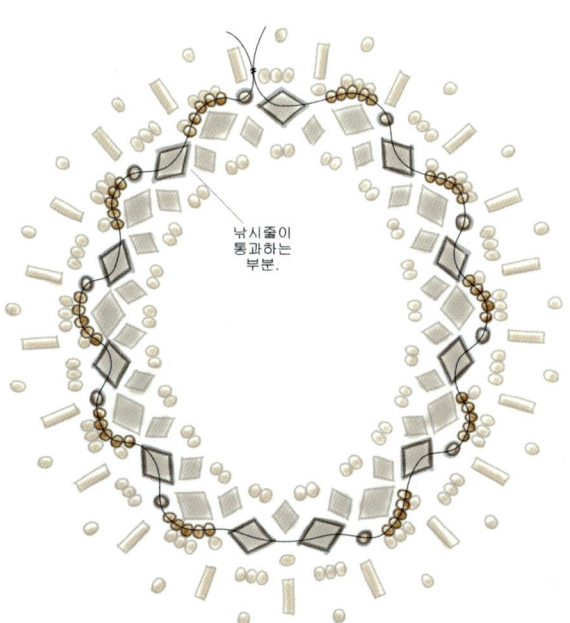

4. 체인과 주판알 늘어뜨리기

5. 글루건이나 본드로 뒷면에 브로치핀을 붙인다.

가까운 이들에게 선물하기 좋은
미니 노리개 핸드폰줄

미니 노리개 핸드폰줄

1. 꽃30구 만들기 (3호 낚시줄 80cm)

재료
4mm 캣츠아이 라운드 30개,
씨드비즈 60개, 9핀 1개, O링 1개,
수술, 핸드폰줄, 3호 낚시줄

▷ 꽃30구의 윗부분
씨드비즈 2개만 새로 넣어 마무리한다.

2. 위 그림의 화살표 위치에
9핀을 꽂아 고리를 만들고,
핸드폰줄과 수술을 연결한다.

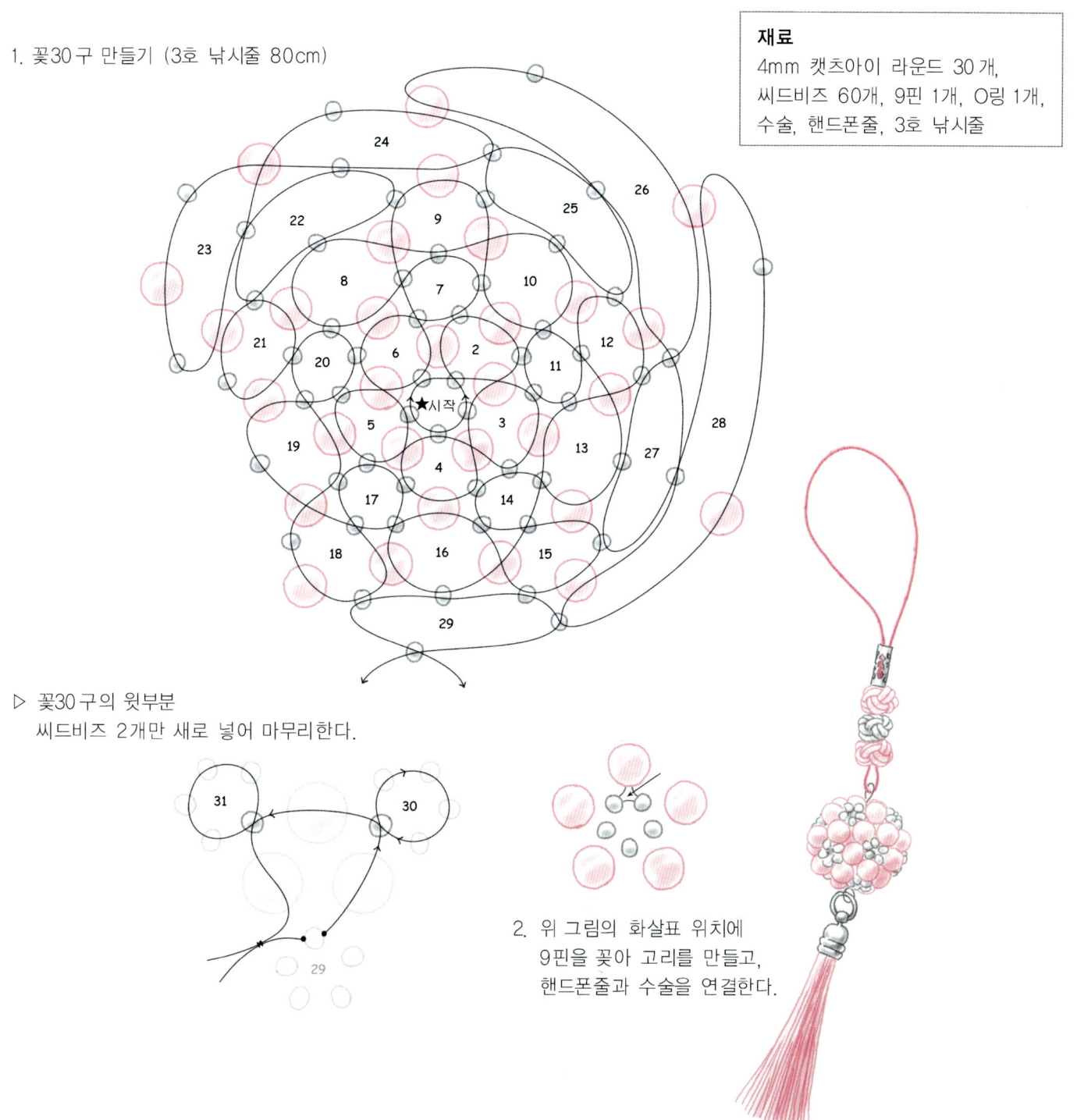

볼수록 사랑스러운 색감

카키꽃 팔찌

카키꽃 팔찌

재료
4mm 주판알 올리바인Sa 54개, 존퀴엘Sa 54개, 젯헤마 9개, 씨드비즈 190개, 3호 낚시줄 150cm, 2호 낚시줄 50cm, 마감장식

① 6각 꽃 만들기 (3호 낚시줄 150cm) : 7번을 만든 다음 한쪽 낚시줄로만 8번을 만든다.

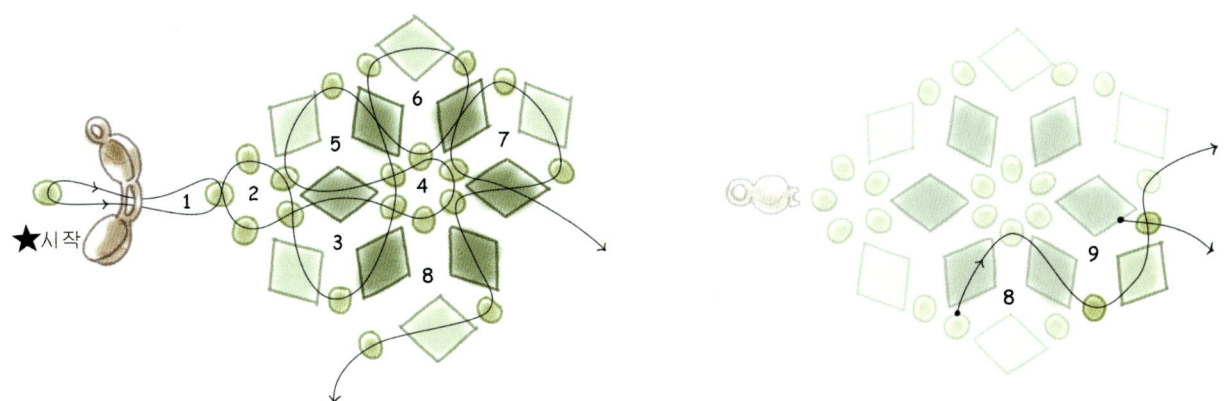

② 자신의 사이즈에 맞게 6각꽃을 8~9개 만든다.

③ 포인트 올리기(2호 낚시줄 50cm) : 6각 꽃의 중심에 포인트 크리스탈을 올린다.

나만의 개성이 돋보이는
고양이 귀걸이

고양이 귀걸이

① 고양이 머리 만들기(2호 60cm)

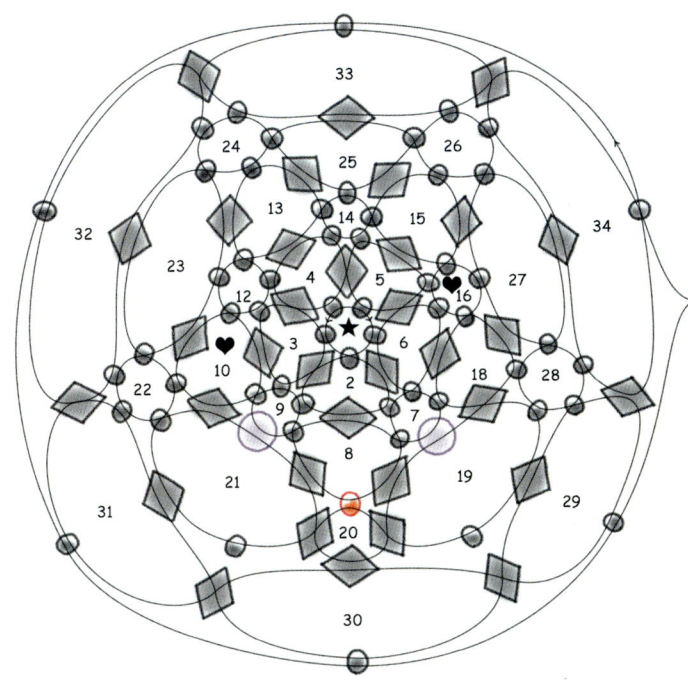

♥ 위치의 10번과 16번을 만든 다음, 11번과 17번은 아래 그림처럼 귀를 만들어 준다.
귀를 만들기 어렵거나 빠트렸을 경우, 머리를 다 만든 다음 10cm 낚시줄로 귀를 만들어 준다.

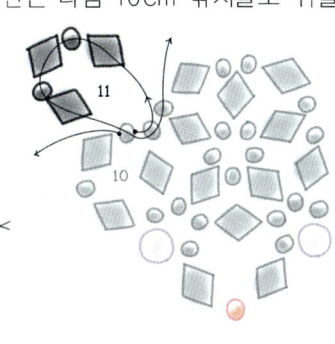

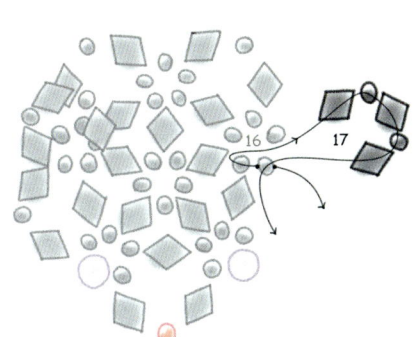

② 수염 달기(10cm 2줄)
코에 2줄을 각각 묶고 적당한 길이로 자른다.

③ 몸 만들기
T핀, 9핀으로 연결한다.

9핀이 나오는 위치

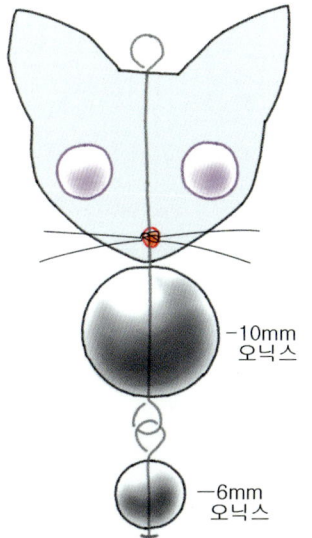

-10mm 오닉스

-6mm 오닉스

④ 귀걸이 낚시고리에 연결하여 완성한다.

재료
3mm 주판알 젯헤마 80개,
씨드비즈 112개, 4mm 캣츠아이(눈) 4개,
씨드비즈(코) 2개 10mm 오닉스 2개,
6mm 오닉스 2개, 9핀 2개, T핀 2개,
낚시 1쌍, 2호 낚시줄

캐주얼에 사랑스러운 포인트

씨드 오픈하트 목걸이

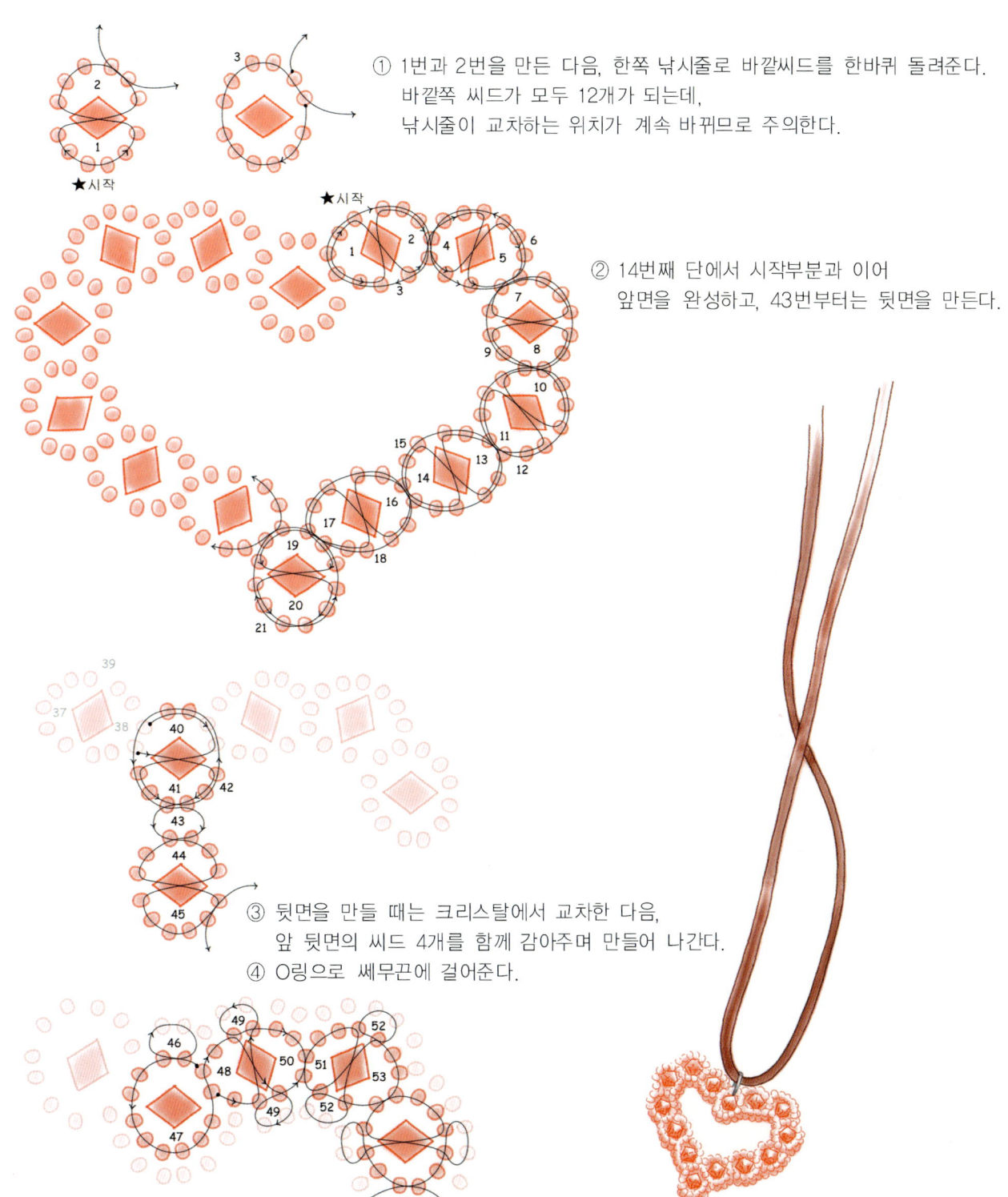

파티가 있는 날

나비 반지

나비 반지

재료
3mm 주판알 38개, 3mm 진주 16~17개,
씨드비즈 164개, 3호 낚시줄

1. 나비 만들기(3호 90cm)
    7번, 14번, 21번, 31번 다음에는 두 낚시줄이 바깥을 한바퀴 통과하여 다음 단계를 만든다.

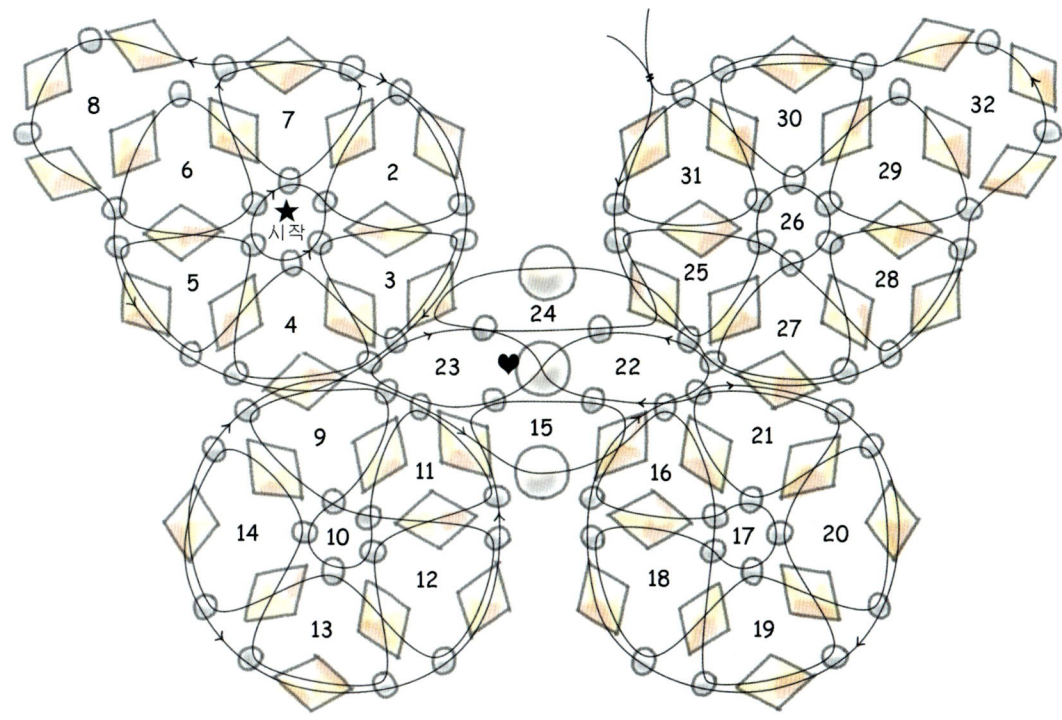

2. 반지링 만들기(3호 60cm)
    ① 3mm 진주와 씨드비즈로 반지링을 1단 만든 다음, 2번에서 교차는 나비중심의 ♥ 위치 진주에서 교차해 준다. 자신의 손가락 사이즈에 맞게 13~14단 반지링을 만든다.

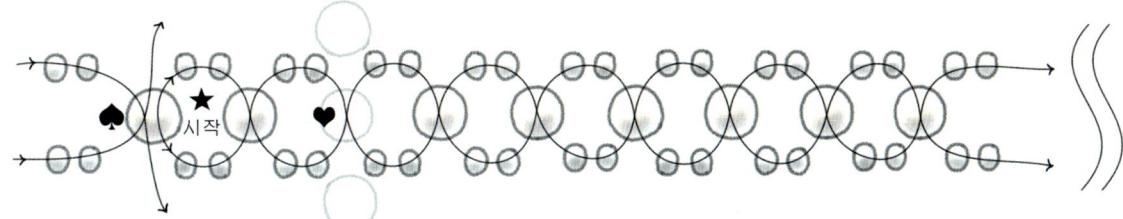

    ② 반지링 시작부분의 진주에서 교차해 나온 낚시줄이 바깥 쪽 씨드비즈를 통과하면서 새로운 씨드 한 개씩을 더 넣어준 다음, 묶고 마무리한다.

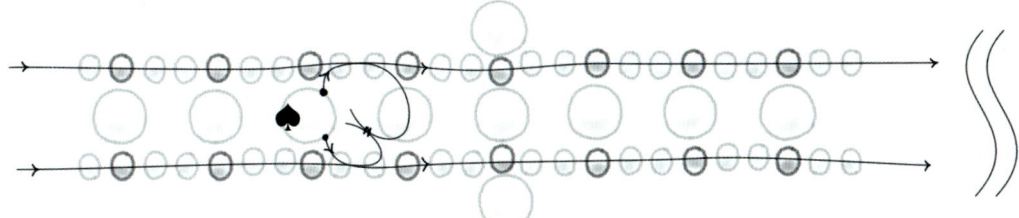

※ 이 책에 수록된 모든 작품 및 일러스트의 저작권은 저자에게 있습니다.
※ 이 책에 수록된 모든 작품의 재료는 www.beadsmap.com 에서 구입하실 수 있습니다.
　구입 및 수강문의 : (031) 853-1519, 016-864-1519　www.beadsmap.com

저　　　자	이종경
일 러 스 트	이상일
모　　　델	이주형
기 획 편 집	곰비임비
발　행　일	2007. 10. 31.
발　행　처	비즈맵
	문의 : (031)853-1519, 016-864-1519
	E-mail:beasmap@beadsmap.com
	www.beadsmap.com

정가 : 16,000원